传统蒙学基本丛书

普及类古籍整理图书专项资助项目

急就篇
捷径杂字
包举杂字

［汉］史游等著

岳麓書社·长沙

图书在版编目(CIP)数据

急就篇　捷径杂字　包举杂字/(汉)史游等著.—长沙:岳麓书社,2022.10

ISBN 978-7-5538-1060-7

Ⅰ.①急…　Ⅱ.①史…　Ⅲ.①古汉语—启蒙读物　Ⅳ.①H194.1

中国版本图书馆 CIP 数据核字(2018)第 301078 号

JIJIU PIAN　JIEJING ZA ZI　BAOJU ZA ZI

急就篇　捷径杂字　包举杂字

著　　者:[汉]史游　等

责任编辑:吴　茵

责任校对:舒　舍

封面设计:严　丽

岳麓书社出版发行

地址:湖南省长沙市爱民路 47 号

直销电话:0731-88804152　0731-88885616

邮编:410006

版次:2022 年 10 月第 1 版

印次:2022 年 10 月第 1 次印刷

开本:787mm×1092mm　1/32

印张:9.25

字数:166 千字

印数:2 001—5 000

ISBN 978-7-5538-1060-7

定价:20.00 元

承印:长沙鸿发印务实业有限公司

如有印装质量问题,请与本社印务部联系

电话:0731-88884129

前 言

从周、秦到汉，陆续出现了多种识字课本。据《汉书·艺文志》和许慎《说文解字》的记载，汉时有周代史官教学童用的《史籀篇》，李斯初作至汉初又并入《爰历》《博学》二篇而成的《仓颉篇》，司马相如所作《凡将篇》，黄门令史游撰的《急就篇》。后来《史籀》《仓颉》《凡将》三种佚失，只有《急就篇》流行下来，成为我国现存最早的识字课本。汉魏以后，直到隋唐，它都在民间广泛流行。据《北齐书》记载，以言谈隽永、不趋权势见称的李绘，自幼聪明，六岁时尚未入学，自己拿了他大姐的笔牍习字，不久竟通《急就篇》。另一位曾任国子博士，著述甚多的经学家李铉，自幼家贫，九岁入学，习写《急就篇》，月余便通，为人所称道。二者足见此书当时的普及程度。到隋代，《急就篇》与《发蒙记》《千字文》《训俗文字略》等书并行，均为儿童识字课本。唐代据颜师古在《急就篇注叙》中说："至如蓬门野贱、穷乡幼学，递相承禀，犹竞习之。"说明此书在民间还很流行，以至这位曾作《汉书注》、精训诂学的大家，决心为《急就篇》作注。颜氏为这两书所作注，"俱大显于时"，为人所重视，流传至今。自颜注行而魏晋以来旧本废。到南宋时，又有曾任礼部尚书，著有《玉海》《困学纪闻》等二十余种书的学者王应麟为之补注。自王氏补注出，唐宋旧本亦废。我们这次印行的即是颜师古注、王应麟补注的本子，也就是经过历史考验的最好的本子。

史游为西汉元帝时人，从那时到现在，已有两千余年，比《千字文》的历史还长六百年。一本儿童识字课本，在两千年后还能完整保存下来，在世界教育史和文化发展史上，不能不说是一个奇迹。为什么会出现这样的奇迹，应该说主要在于书的本身。全书共二千一百四十四个字，最后的一百二十八字还是东汉人补加的，原作仅二千零一十六字，就大致已把当时常用的单字包括进去。儿童读完这本书，就能认识近两千个字，对启蒙阶段的集中识字教育，无疑能提供很大的方便，这是一。其次，全书两千来字，编成三个部分。一是姓氏名字，四百多字包括了一百多个姓，如“戴护郡”“景君明”“董奉德”“桓贤良”等。二是器服百物，一千一百多字，竟包括四百多种器物，一百多种动植物，六十多种人体部位器官，七十多种疾病和药物的名称，如“鼻口唇舌断牙齿”“颊颐颈项肩臂肘”“寒气泄注腹胪胀”“痂疕疥疠痴聋盲”等。三是文学法理，四百四十多字，如“治礼掌故砥厉身”“智能通达多见闻”。章炳麟说：“《急就》之文，泛施日用”，由于实用性强，容纳的知识面广，用为识字课本，可收事半功倍之效，因而能代代流传下来。再则，本书把两千来个单字编成三言、四言、七言的韵语，使儿童易读易记，也是它得以流传久远的原因。

《急就篇》的这些特点，不但决定其自身的存在和流传，还直接影响到后代蒙书如《千字文》《三字经》

《百家姓》及各种“杂字”的编写，如整齐押韵、减少重复、知识面宽等，都借鉴了《急就篇》的经验。其实《急就篇》虽是现存最古的蒙书，论其影响和价值已远远超过蒙书的范围，历史上郑康成、孔颖达注经，李贤注史，都曾引用此书，现代人研究训诂学，也不能不研究《急就篇》。正因为这样，大学者如王国维对所见各种本子也作了深入的研究，校其同异、源流。

由颜师古注，王应麟补注的《急就篇》，征引典籍，材料丰富，早有定评，但由于年代久远，在传抄印刷过程中，仍有不少错误。这次曾仲珊先生点校，是以商务印书馆《丛书集成》本为底本，以浙江书局《玉海》本参校。对原注中引用了经史、诸子、《尔雅》、《方言》、《说文》、《广韵》的，均尽可能查对原书，予以校勘，除颜、王注释外，还有标明“黄氏曰”的，则是黄庭坚的解释。本书之出，对于研究中国语文教育史，建立有中国特色的社会主义语文教学体系，无疑是有帮助的。研究中国文字学、训诂学的，更不可不读，对研究汉代生产和科技发展水平，汉代社会及政治法律状况，也有参考价值，这些都远远超过了传统蒙学书的范围，说它是一本学术价值很高的书，是一点也不过分的。

在传统蒙学识字课本中，除《三字经》《百家姓》《千字文》等正宗读本外，还有一种广泛流传于民间的杂字书，陆游在《秋日郊居》诗第三首自注中，把杂字书与《百家姓》并列，谓之“村书”，可见杂字书在宋代就已流行。本书所收《包举杂字》，从文字的流畅典雅看，撰者似也非浅学之辈。诸如“诵读诗书，抑末崇本。孝弟忠信，礼义廉耻。好善恶恶，积德累仁。辞受取与，恭敬朴诚”之类的句子，都是正统读书人的口吻。但就坊间大量刊行的杂字书看，多为生平不详的“市井中人”所编，对象是市井小商和农民的子弟、学徒等人。本书所收《捷径杂字》也属此类。“人情南北，用费包封。银钱谷米，东扯西扪”，是市井日常生活的写照，用的是民间流行口语。书中一般不署作者姓名，比《三字经》《百家姓》等更属不登大雅之堂。

杂字有二言、四言、六言、七言等多种。在各种杂字中，最受欢迎的是四言韵文杂字，收入本书的《捷径杂字》与《包举杂字》二书，解放前在一些中下层社会的家庭中，几至家置一编，念过几年书而又不准备考秀才、举人的，都备有这些书，既是识字课本，又是常用字典，不仅自己终生翻阅，有的还传给后代儿孙。它的最大特点是结合日常生活实际，包括了大量的常用字；协韵成文，多为日常口语，易读易记；字数不多，符合速成的要求。不论何种杂字书，都有其鲜明的地域性和时代特征，我们编选的目的，当然不是要求旧时代的杂字书仍适应于今天的生活，能为今天的读者所直接运用。我们不过是想为研究者提供一份资料，为通俗应用图书编写者能提供一种借鉴，以利于今天的文化普及工作。事实上已有各种新的杂字出现，发行数量也很大。如湘版《新编农村实用杂字》，1961 年出版后，五年中重印六次，发行八十余万册。但各种新编杂字书，就其影响之大、入人之深来说，似仍不及传统的《捷径杂字》和《包举杂字》，这当然有文化普及、群众文化需求提高等多种原因，但其内容与编写方法不能做到深入浅出，适应民间口语习惯，寓雅于俗，寓理于文，也可能是一个原因。就文化的继承发展关系看，传统杂字值得我们借鉴研究，书中内容都反映了一定时期的社会文化生活，可供我们研究时参考。至于有些器物名称，至今仍在沿用，对人们日常写算记账，也还有点用处。

这次刊行，《捷径杂字》是以同治十年（1871）岳崇德（林庵）所书石印本为底本，参照民国十七年（1928）富记书局的木刻本加以校勘。《包举杂字》是以一种无封面的木刻本为底本，参照民国时期所出的一种改编本加以校阅。错误之处，敬请高明指正。

编 者

2019 年 12 月

目　录

急就篇序

自《三苍》既亡，而汉人小学书之存于今者，莫古于《急就篇》。其书盛行于魏晋六朝，衍于唐宋，今惟有颜、王二家注本存。近阳湖孙氏撰是书《考异》，据“玉海”碑本为主，参以“梁相国”临本，复古三十一章之旧；字从碑本，略存章草遗意，诚为尽善。惟以课初学，书用今隶，沿习已久，“蓿”“蕑”等字，未易为初学言之。古本以六十三字为一章，只均字数，不论音韵；用韵之句，多有在章首者。初学分日程功，亦不便于口诵。兹刻是书，以课诸孙，仍用“玉海”本，音依颜、王而改用直音，遇韵有古音，以大方围识之。“玉海”本后附二章，仍列入焉，皆以便初学也。俟小学既明，长而求诸古字、古音、章草、篆隶之别，孙本具在，不难考核而知也。

光绪六年九月重阳日，福山王祖源撰

急就篇注叙

《急就篇》者，其源出于小学家。昔在周宣，粤有史籀，音胄。演畅古文，初著大篆。秦兼天下，罢黜异书。丞相李斯又撰《苍颉》，中车府令赵高继造《爰历》，太史令胡母音某。敬作《博学篇》，皆所以启导青衿、垂法锦带也。逮至炎汉，司马相如作《凡将篇》，俾效书写，多所载述。务适时要。史游景慕，拟而广之，元成之间，列于秘府。虽复文非清靡，义阙经纶，至于包括品类，错综古今，详其意趣，七句反。实有可观者焉。然而时代迁革，亟经丧乱，传写湮讹，避讳改易，渐就芜舛，莫能厘正，少者阙而不备，多者妄有增益，人用己私，流宕徒浪反忘返。至如蓬门野贱、穷乡幼学，递相承禀，犹竞习之，既无良师，只增僻谬。若夫缙绅秀彦，膏粱子弟，谓之鄙俚，耻于窥涉。遂使博闻之说，废而弗明；备物之方，于兹寝滞。师古家传《苍》《雅》，广综流略，尤精训故，待问质疑，事非稽考，不忘谈说，必则古昔，信而有征。先君师古父思鲁。常欲注释《急就》，以贻后学，雅志未申，昊天不吊，奉遵遗范，永怀罔极。旧得皇象、钟繇、卫夫人、王羲之等所书篇本，备加详核，足以审定，凡三十二章，究其真实。又见崔浩及刘芳所注，后魏太宗元年敕崔浩解。刘芳续注《音义证》三卷。人心不同，未云善也。遂因暇日，为之解训，皆据经籍遗文，先达旧旨，非率愚管，斐然妄作。字有难识，随而音之，别理兼通，亦即并载。可以祛发未寤，矫正前失，振幽翳之学，摅制述之意，庶将来君子裁其衷焉。

秘书监弘文馆学士

上护军琅邪县开国子颜师古撰

急就篇

急就奇觚孤与众异。罗列诸物名姓字。
分别部居不杂厕次，用日约少诚快意。
勉力务之必有喜叶戏，请道其章：
宋延年。郑子方。卫益寿。史步昌。
周千秋，赵孺卿叶羌。爰展世。高辟兵叶帮。
邓万岁。秦妙房。郝𨚔利亲。冯汉强。
戴护郡。景君明叶芒。董奉德。桓贤良。
任壬逢时。侯仲郎。由广国。荣惠常。
乌承禄。令狐横叶黄。朱交便。孔何伤。
师猛虎。石敢当。所不侵。龙未央。
伊婴齐。翟回庆叶羌。毕稚治季。昭小兄叶荒。
柳尧舜。乐禹汤。淳于登。费通光。
柘蔗温舒。路政阳。霍圣宫。颜文章。
管财智。偏吕张。鲁贺喜。观灌宜王。
程忠信。吴仲皇。许终古。贾友仓。
陈元始。韩魏唐。液亦容调。柏杜杨。
曹富贵。尹李桑。萧彭祖。屈宗谈叶唐。
樊爱君。崔孝让叶穰。姚得赐。燕楚庄。

薛胜升客。聂干将。求男弟。过说悦长。

祝恭敬。审毋妨。庞赏赣贡。来士梁。

成博好。范建羌。阎欢欣。甯可忘。

苟贞夫。苗涉臧。田细儿。谢内黄。

柴桂林。温直衡叶杭。奚骄叔。邴胜升箱。

雍弘敞。刘若芳。毛遗羽。马牛羊。

尚次倩。丘则刚。阴宾上。翠鸳鸯。

庶霸遂。萬矩段卿叶羌。泠伶幼功。武初昌。

褚回池。兰伟房。减罢军。桥窦阳。

原辅辐。宣弃奴。殷满息。充申屠。

夏修侠。公孙都。慈仁他。郭破胡。

虞尊偃。宪义渠。蔡游威。左地余。

谭平定。孟伯徐。葛轗轲坎坷。敦倚苏。

耿潘扈。焦灭胡。晏奇能。邢丽奢叶都。

邵守实。宰安期叶厨。侠却敌。代焉于。

司马褒。尚自于。陶熊罴。解蟹莫如。

乐欣谐。童扶疏。痛无忌。向夷吾。

闵并訢欣。竺谏朝叶鉏。续增纪。遗失余。

姓名讫。请言物。

锦绣缦慢紝毫离云爵。乘风县钟华洞乐。

豹首落莫兔双鹤。春草鸡翘凫翁濯。

郁金半见缃白勬药。缥摽綟戾绿纨皂紫硟鲜。

烝栗绢绀缙红繎然。青绮绫縠斛靡润鲜。

绨络缣练素帛蝉。绛缇题絓画细倚丝絮绵。

帐圯敝囊橐不直钱。服琐緰投岀赀与缯连。

贳世贷卖买贩肆便。资货市赢匹幅全。

绤纻枲缊裹果约缠。纶组繸逆绶以高迁。

量丈尺寸斤两铨。取受付予与相因缘。

稻黍秫述稷粟麻粳叶刚。饼饵麦饭甘豆羹叶刚。

葵韭葱䪥薤蓼苏姜。芜荑盐豉事醯酢酱叶将。

芸蒜荠芥茱萸香。老菁蘘穰荷冬日藏。

梨柿柰桃待露霜。枣杏瓜棣馓散饴怡饧叶唐。

园菜果蓏鲁助米粮。甘麩去上声殊美奏诸君。

袍襦表里曲领裙群。襜褕袷夹复褶牒袴裈昆。

襌单衣蔽膝布毋縳尊。针箴缕补缝绽潺去声紩秩缘叶轩。

履舃鞜裒絨緞紃。靸䩕印角褐韤巾。

裳韦不借为牧人。完坚耐事逾比伦。

屐屩絜粗羸窭贫。旃裘鞣鞮蛮夷民。

去俗归义来附亲。译导赞拜称妾臣。

戎伯总阅什伍邻。禀食县官带金银。

铁鈇钻锥釜鍑鍪。锻铸铅锡镫锭鐎。

铃镳钩铚斧凿鉏。铜钟鼎鋞鋗鉇铫。
釭锏键钻冶锢鐈。竹器簦笠簟籧篨。
笆篅箯筥篽箅篝。簁箄箕帚筐箧篓。
椭杅槃案桮閜碗。蠡升参升半卮觛。
樽榼椑榹匕箸籫。甀缶盆盎瓮䓿壶。
甑甍甗瓯瓨罂卢。累繘绳索绞纺纑。
简札检署椠牍家。板柞所产谷口斜。
水虫科斗蠅蛙虾蟆。鲤鲋蟹鳝鲐鲍鰕。
妻妇聘嫁赍媵僮。奴婢私隶枕床杠。
蒲蒻蔺席帐帷幢。承尘户幭绦繢緫。
镜籢疏比各异工。芬薰脂粉膏泽筒。
沐浴揃搣寡合同。襐饰刻画无等双。
系臂琅玕虎魄龙。璧碧珠玑玫瑰瓮。
玉玦环佩靡从容。射魃辟邪除群凶。
竽瑟空侯琴筑筝。钟磬鞀箫鼙鼓鸣。
五音总会歌讴声。倡优俳笑观倚庭。
侍酒行觞宿昔酲。厨宰切割给使令。
薪炭萑苇炊孰生。膹脍炙胾各有形。
酸醎酢淡辨浊清。肌腐脯腊鱼臭腥。
酤酒酿醪稽极程。棋局博戏相易轻。
冠帻簪簧结发纽。头额頞頔眉目耳。
鼻口唇舌断牙齿。颊颐颈项肩臂肘。
卷捥节爪拇指手。胂腴胸胁喉咽髃。
肠胃腹肝肺心主。脾肾五藏膍齐乳。
尻髋脊膂腰背吕。股腳膝膑胫为柱。

蹲踝跟踵相近聚。矛鋋镶盾刃刀钩。
鈒戟铍镕剑镡锻。弓弩箭矢铠兜鉾。
铁锤檛杖棁柲杸。辎轺辕轴舆轮輮。
辐毂輨辖緌轈𨏔。轵轼軨軡轙軜衡。
盖轑俾倪枙缚棠。辔勒鞅韅靽羁韁。
靷靴鞋鞲鞍镳鍚。靳靫韄鞊色焜煌。
革鞜髹漆油黑苍。室宅庐舍楼殿堂。
门户井灶庑囷京。榱椽欂栌瓦屋梁。
泥涂垩墍壁垣墙。榦桢筑板度圜方。
墼垒廥厩库东箱。屏厕清溷粪土壤。
碓硙扇隤舂簸扬。顷町界亩畦埒封。
疆畔畷伯耒犁锄。种树收敛赋税租。
捃获秉把插捌杷。桐梓枞窦榆椿樗。
槐檀荆棘叶枝扶。骍騩骓驳骊騴驴。
骐駹驰骤怒步超。牂羖羯羠羝羝羭。
六畜蕃息豚豕猪。豭豮狡犬野鸡雏。
犙犻特犗羔犊驹。雄雌牝牡相随趋。
糟糠汁滓稿莝刍。凤爵鸿鹄雁鹜雉。
鹰鹞鸨䴈翳雕尾。鸠鸽鹑鴳中网死。
鸢鹊鸱枭惊相视。豹狐距虚豺犀兕。
狸兔飞鼯狼麋麐。麇麈麖麀皮给履。
寒气泄注腹胪胀。痂疕疥疠痴聋盲。
痈疽瘛疭痿痹痕。疝瘕癫疾狂失响。
疟瘚瘀痛瘼温病。消渴欧逆咳懑让。
瘅热瘘痔眵蕺眼。笃癃癀废迎医匠。

灸刺和药逐去邪。黄芩伏苓礜茈胡。

牡蒙甘草菀藜芦。乌喙附子椒芫华。

半夏皂荚艾橐吾。芎䓖厚朴桂栝楼。

款东贝母姜狼牙。远志续断参土瓜。

亭历桔梗龟骨枯。雷矢雚菌荩兔卢。

卜问谴祟父母恐。祠祀社稷丛腊奉。

谒禓塞祷鬼神宠。棺椁槥椟遣送踊。

丧吊悲哀面目肿。哭泣祭醊坟墓冢。

诸物尽讫五官出。

宦学讽《诗》《孝经》《论》。《春秋》《尚书》律令文。

治礼掌故砥厉身。智能通达多见闻。

名显绝殊异等伦。抽擢推举白黑分。

迹行上究为贵人。丞相御史郎中君。

进近公卿傅仆勋。前后常侍诸将军。

列侯封邑有土臣。积学所致非鬼神。

冯翊京兆执治民。廉洁平端抚顺亲。

奸邪并塞皆理驯。变化迷惑别故新。

更卒归诚自诣因。司农少府国之渊。

远取财物主平均。皋陶造狱法律存。

诛罚诈伪劾罪人。廷尉正监承古先。

总领烦乱决疑文。变斗杀伤捕伍邻。

亭长游徼共杂诊。盗贼系囚榜笞臀。

朋党谋败相引牵。欺诬诘状还反真。

坐生患害不足怜。辞穷情得具狱坚。

籍受证验记问年。闾里乡县趣辟论。
鬼薪白粲钳釱髡。不肯谨慎自令然。
输属诏作溪谷山。箛篍起居课后先。
斩伐材木斫株根。犯祸事危置对曹。
谩訑首匿愁勿聊。缚束脱漏亡命流。
攻击劫夺槛车胶。啬夫假佐扶致牢。
疻痏保辜謕呼号。乏兴猬逮诇讂求。
辄觉没入檄报留。受赇枉法忿怒仇。
谗谀争语相觝触。忧念缓急悍勇独。
乃肯省察讽谏读。泾水注渭街术曲。
笔研筹筭膏火烛。赖赦救解贬秩禄。
邯郸河间沛巴蜀。颍川临淮集课录。
依溷污染贪者辱。

汉地广大，无不容盛。万方来朝，臣妾使令。

边境无事，中国安宁。百姓承德，阴阳和平。

风雨时节，莫不滋荣。灾蝗不起，五谷孰成。

贤圣并进，博士先生。长乐无极老复丁。

附以下系后汉人附入

齐国给献素缯帛。飞龙凤凰相追逐。
河南洛阳人蕃息。与天相保无穷极。
真定常山至高邑，乘而嘉宠升进立。

建号垂统解郁悒,四民康宁咸来服集。
何须念虑合为一。山阳过魏。
长沙北地。马饮漳邺及清河。
云中定襄与朔方。代郡上谷右北平。
辽东滨西上平冈。酒泉强弩与敦煌。
居边守塞备胡羌。远近还集杀胡王。
汉土兴隆中国康。

海宁钱保塘补音

平武余定国、福山王懿桀同斠

卷　一

每标章首以字数为断者，盖取其程课学僮简牍为便也。是以前之卒章，或与后句相蹑。蹑，尼辄反。［补曰］急，疾也。就，成也。篇，书也。《艺文志》云："皆《苍颉》中正字也。"又云："闾里书师合《苍颉》《爰历》《博学》三篇，断六十字为一章。"此篇分章亦然，凡三十二章。晁氏曰："杂记姓名、诸物、五官等字，以教童蒙，急就，谓字之难知者，缓急可就而求焉。"《说文·叙》："《尉律》：'学僮十七已上，始试，讽籀书九千字，乃得为吏。又以八体试之，郡移太史并课，最者。以为尚书史。书或不正，辄举劾之。'"僮，通作童，未冠者。

汉黄门令史游撰。

游，元帝时人也，见《汉书·艺文志》。黄门令属少府。［补曰］《后汉·宦者传序》："史游为黄门令，勤心纳忠，有所补益。"注："禁门曰黄闼，中人主之。"

急就奇觚与众异。觚音孤。

觚者，学书之牍，或以记事，削木为之，盖简属也。孔子叹觚，即此之谓。[补曰]《论语》："子曰：'觚不觚，觚哉！觚哉！'"程子曰："觚而失其形制，则非觚也。"其形或六面，或八面，皆可书。[补曰]《史记》："破觚为圜。"应劭曰："觚，八棱有隅者。"《说文通释》："觚，八棱木，于其上学书。"觚者，棱也。棱，卢登反。以有棱角，故谓之觚。言学僮急当就此奇好之觚。其中深博，与众书有异也。[补曰]《说文》："幡，书儿拭觚布也。""籥，书僮竹笘也。"《周礼》疏："古者未有纸笔，以削刻字。至汉，虽有纸笔，仍有书刀。"《汉书》注："刀，所以削书也。"班固《两都赋》曰："上觚棱而栖金爵。"[补曰]《后汉·班固传》："柧棱。"注："《说文》曰：'柧棱，殿堂上最高之处。'徐锴按："《字书》'三棱为柧。'""柧棱，最高转角处也。"柧与觚同。今俗犹呼小儿学书简为"木觚章"，盖古之遗语也。

罗列诸物名姓字。

言此众章，列叙万物之名及人姓字。[补曰]罗，布也。《说文》："物，万物也。牛为大物，天地之数，起于牵牛。"名、姓、字，皆谓人也。子生三月，父名之。姓，人所生也。《左传》："众仲曰：'天子建德，因生以赐姓，胙之土而命之氏。诸侯以字为谥，因以为族。官有世功，则有官族，邑亦如之。'""师服曰：

‘名以制义。’”“申繻曰：‘名有五：有信，有义，有象，有假，有类。’”《礼记》曰：“男子二十冠而字。”“冠而字之，敬其名也。”《通志》曰：“三代之前，姓氏分而为二，男子称氏，妇人称姓。氏所以别贵贱，贵者有氏，贱者有名无氏。姓所以别婚姻，故有同姓、异姓、庶姓之别。三代之后，姓氏合而为一。于文，女生为姓，故姓之字多从女，如姬、姜、嬴、姒、姚、妫、姞、妘、婤、始、姺、嫪之类是也。”

分别部居不杂厕。厕，初吏反。

前后之次，以类相从，种别区分，不相间错也。种，之陇反。间，居苋反。［补曰］《考工记》注、《说文·叙》皆引此。部，分也。厕，间也。种，类也。《说文通释》：“部，属也。部之言簿也，分簿之也。”

用日约少诚快意。

以其详悉，多所该备，不费功日而心意开了，故云快意也。《礼·学记》曰：“师逸而功倍。”［补曰］《艺文志》：“用日少而畜德多。”《广韵》：“约，少也。”“快，称心也。”

勉力务之必有喜。喜，许志反。

勉令勤习，以致业艺，则能显达，可好喜也。

好,呼报反。[补曰]学在强勉,用力多者收功远。喜,说也。学而时习之,不亦说乎?

请道其章。此后二句一韵。

叙致已讫,乃说之也。[补曰]《礼记》注:“道犹言也。”

宋延年。

微子,纣之庶兄,周武王克商,封之于宋。其后或以国为姓。[补曰]宋国,今应天府。姓,当曰氏。《史记》:“契为子姓,其后分封,有宋氏。”遂有宋氏。[补曰]宋牼,宋人。《庄子》云“宋钘”,楚有宋玉、宋义,汉有宋昌、宋忠、宋畴、宋畸。延年之义,取于寿考无疆也。[补曰]《方言》:“延,永,长也。凡施于年者谓之延。”汉有李延年、杜延年、田延年。[补曰]又有严延年、孔延年、乘马延年、解延年、东郭延年。篇首广陈诸姓及名字者,以示学徒,令其识习,拟施用也。自此以下,器用物务,次叙皆同,而说者乃云是当时弟子名姓,又云是古贤圣之人,本出《易纬》,史游重述。此说皆非也。姓者并是古来所有,非妄造之。名字或是旧人已经称用,或是新构义理,然非实相配属,真有其人，所以章中自云“姓名讫，请言物”，又云“诸物讫，五官出”。以此求之，其意可晓。至如杂宝奇缯，殊俗异服，及疾病刑狱，官曹职务，岂非当时庠校之内悉自有乎？皆泛说耳。《易纬》中颇有姓名与此同者，盖后人妄取以附著之，非本圣人所说也。《先儒通论》旧云：“纬书之作，伪起哀平。”应劭撰《风俗通》，亦多设人姓而为章句偶读，斯效《急就》之为也。属，之欲反。校，胡孝反，其字从木。著，直略反。［补曰］《后汉》：“张衡曰：‘图谶成于哀平之际。’”应劭有《氏族篇》。

郑子方。

郑桓公友，周厉王之子，宣王母弟也。宣王封之于郑。［补曰］郑本在西都畿内，咸林之地，今华州郑县。武公徙新郑，今郑州。其后或以国为氏，宋有郑翩，即其族也。［补曰］魏有郑安平，韩有郑昌，汉有郑当时、郑弘、郑子真、郑吉。子者，男子美称。方者，言其正直不回也。［补曰］魏有田子方，名无择。汉有闻人通汉字子方、阴子方、辟子方。

卫益寿。

卫康叔，周文王之子也，周公既诛管蔡，而

封康叔为卫侯。其后亦因国为氏。[补曰]《地理志》:"河内朝歌。""康叔所封。"今卫县。宋有卫平,秦有卫先生,汉有卫绾、卫胠、卫毋择。益寿,亦延年之义也。[补曰]《汉·王子侯表》有蒌侯益寿。《功臣表》有其益寿、刘益寿。《匈奴传》:"御史属公孙益寿。"

史步昌。

史氏之先,本周大夫史佚音逸。之后也。周亦有史籀,文救反。晋有史黯,於减反。秦有史颗,口果反。卫有史狗、史鰌,千由反。其后并称史氏。此类甚多,不可具载。[补曰]楚史皇、史老,魏史起,汉史高。步昌,言高步而昌盛也。汉有李步昌。[补曰]《功臣表》有赵步昌。以步名者,有陈步乐、卫步广、吕步舒。

周千秋。

周大夫周桓公宰周公,周公忌父父读曰甫。继守官邑,故有周氏。[补曰]汉周燕,其先出自周平王之后。《广韵》:"本自周平王子,别封汝川,人谓之周家,因氏焉。一云赧王为秦所灭,黜为庶人,百姓称为周家,因氏焉。"《史记》:"周最,周之公子。"周任之后亦为周姓。[补曰]鲁有周丰,赵有周舍、周袑,魏有周沂、周市，楚有周文，汉有周勃、周言、周仁。千秋亦欲长生久视也。汉有张千秋、田千秋。[补曰]又有韩千秋、鄂千秋、夏侯千秋、蔡千秋、任千秋。《战国策》云："为千秋之祝。"

赵孺卿。 卿，叶乞郎反，见《楚辞·大招》。

造父善御，事周穆王，穆王封之赵城，其后因称赵氏，晋之赵夙，即其苗裔，遂蕃衍焉。[补曰]赵城，今晋州赵城县。汉有赵尧、赵禹、赵充国、赵广汉。孺，幼少之号也。卿，言可为列卿也。汉有苏贤，字孺卿。[补曰]牛邯、马敦字孺卿。以孺为字者：韩安国、汲黯、韦贤曰长孺，孔霸曰次孺，灌夫曰仲孺，张安世曰子孺，枚皋曰少孺，云敞曰幼孺，王贺翁孺，陈君孺。造，千到反。父读曰甫。蕃，扶元反。

爰展世。 展，一作歷。

爰氏之先，本与陈同姓，陈申公生静伯甫，伯甫八世一作叶。孙爰诸生爰涛涂，涛，徒高反。因而命氏。其后或为辕字，又作袁字，本一族也。[补曰]《左传》"辕涛涂"，《公》《穀传》作"袁"。《广韵》："爰，舜裔，胡公之后。袁或作爰。"《列子》："爰旌目。"汉有爰盎。乌浪反。[补曰]《功臣表》有爰类，《说文》有爰礼，《后汉》有爰延，《韩子》有爰骞。

展者,伸也。言子孙蝉联不绝也。或曰:展,诚也。[补曰]《尔雅》:“展,信也。”

高辟兵。辟音壁。兵,叶晡芒反。见《诗·击鼓》《无衣》《抑》《荀子·佹诗》。

齐大夫高傒音奚。者,号高敬仲,本齐之公族也,其后遂称高氏,大为著姓。[补曰]《广韵》:“齐大公之后,食采于高,因氏焉。”又惠公之孙,曰公孙灶,亦称高氏。[补曰]又郑有高渠弥、高克,宋有高哀,赵有高共,孔子弟子高柴。《汉·高帝纪》有高起,《儒林传》有高相。辟兵,言能弭止兵戎也。[补曰]《汉·霍光传》有司隶校尉臣辟兵,不知姓。《王子侯表》有西梁侯辟兵,《百官表》:“执金吾辟兵。”楚元王“太子辟非”。注:“辟非,犹辟邪、辟兵之类。”《史记》:“宋辟公辟兵。”《纪年》:“桓侯辟强。”言辟御强梁者,亦犹辟兵、辟非。

邓万岁。

邓,古国名,本曼姓也,其后称邓氏焉。曼音万。楚有邓廖,音聊。郑有邓析,先歷反。并其族也。[补曰]邓国在南阳邓县。楚有邓宗、邓说,陈有邓元,汉有邓弱、邓公、邓平、邓冯。万岁犹千秋耳。[补曰]《广韵》:“殷王武丁封叔父于河北,是为邓侯。后因氏焉。”《汉·王子侯表》:“中山靖王子曲成侯万岁。”又有陈万年。《后汉》:“广宗王万岁。”唐有张万岁、谢万岁。

秦妙房。妙,一作眇。《汉书》:“眇读曰妙。”

秦本地名,后为国号,因又命氏。[补曰]舜七友,秦不虚。《史记》:“秦之先嬴姓,其后分封,有秦氏。”秦者,陇西谷名。《括地志》:“秦州清水县,本名秦。”鲁有秦堇父、秦丕兹、秦遄,皆秦姓也。[补曰]《左传》鲁有秦周,孔子弟子有秦祖、秦冉、秦商、秦非,燕有秦开、秦舞阳,楚有秦嘉,汉有秦同、秦充、秦恭。妙谓德行高妙也。房谓德之所聚也。[补曰]后汉夏侯渊字妙才。以房为字,若萧秉、毋将隆、贾捐之、侯霸字君房,温序字次房,张良字子房,郭禧字公房。以房为名,若费长房。堇音谨。父读曰甫。遄,上专反。

郝利亲。郝,呼各反。

郝,京兆盩厔乡名也。盩,竹留反。厔,竹乙反。因地以命氏焉。[补曰]《唐·宰相世系表》:“出自郝省氏,大昊之佐也。商帝乙之世,裔孙期封于太原之郝乡,因以为氏。”汉有郝贤。今盩厔县犹出郝姓。[补曰]《百官表》:“郝党。”《后汉》:“郝孟节。”利亲，言其善父母也。［补曰］《汉·王子侯表》有参户孝侯利亲、剧魁孝侯利亲、平的釐侯利亲。《后汉》：“阜陵王便亲。”

冯汉强。强，一作彊。

冯氏之先，本归姓也。郑大夫有冯简子，其后遂为大族。［补曰］《广韵》：“毕公高之后，食采于冯城，因命氏。”齐有冯驩，韩有冯亭，秦冯毋择、去疾、劫，汉冯唐、冯奉世。汉强，意在忠于本朝也。［补曰］《汉·王子侯表》有嶌氏孝侯汉强。”《后汉》：“吕强字汉盛。”

戴护郡。

戴氏之先，与宋同族。宋戴公生公子文，遂称戴氏。戴恶即其后也。［补曰］《孟子》：宋有“戴不胜”“盈之”。《韩子》：“戴驩为宋太宰。”《风俗通》云：“氏于谥，戴、武、宣、穆是也。”汉有戴德、戴圣、戴崇、戴长乐、戴野。护郡，言为太守若都尉。［补曰］《诸侯王表》：“广陵王护人。”《说文》：“周制，天子地方千里，分为百县，县有四郡。故《春秋传》曰‘下大夫受郡’是也。至秦初，置三十六郡，以监其县。”《释名》：“郡，群也，人所群聚。”

景君明。明,叶音芒。《易》:“潜龙勿用,阳气潜藏。见龙在田,天下文明。”《书》:“元首明哉,股肱良哉,庶事康哉!”《诗》:“东方未明,颠倒衣裳。”

景氏,楚之同族,本芈姓也。芈,莫尔反。《史记索隐》:“弥是反。芈,羊声也。”汉高祖用娄敬之计,徙齐楚大族入关,景氏亦迁名数,今之好畤、郑县、华阴诸景是也。[补曰]楚有景舍、景翠、景鲤、景差、景驹。又,秦有景监,汉有景建。《广韵》:“齐景公之后,汉有景丹、景鸾。”君明,言有明德,宜为列国诸侯也。汉有京房字君明。[补曰]苏子曰:“贵之则曰公,贤之则曰君。”魏管辂字公明。

董奉德。

董氏之先,本己姓也。飂叔安之裔子曰董父,能扰畜龙,服事帝舜,舜赐之姓曰董。己音纪。飂,力救反。父,读曰甫。又周大夫辛有之二子适晋,与籍氏俱董督晋之典籍,因为董氏。董狐、董叔、董安于,皆其后也。[补曰]晋有董因。汉三老董公、董仲舒。奉德,言其奉持德义也。一曰:言有贤德,人所戴奉也。[补曰]《说文通释》云:“德者,得也。内得于己,外得于人。”《后汉·儒林传》:“任末友人董奉德。”

桓贤良。桓，一作随。

宋桓公孙鳞曜为宋司徒，号曰桓子，曜，工唤反。因为氏焉。向式亮反。魋大回反。号桓司马，其后亦称桓族。[补曰]《东观记》："桓荣本齐桓公后也。桓公作伯，支庶用其谥立族命氏焉。"齐有桓跳，秦有桓齮、桓楚，汉有桓宽、桓生。贤良，言可应贤良之举也。[补曰]谓有贤行而良善也。随，姬姓，以国为氏。《风俗通》云："隋侯之后。"汉有随何、随蕃，又有随俗。又，晋士会受随邑，亦曰随会。

任逢时。任音壬。

周文王母，任氏之女。此古姓也。又有任国之君，大皞之后，本风姓也。其后亦为任氏焉。[补曰]《诗》："挚仲氏任。"《世本·氏姓篇》云："任姓，谢、章、薛、舒、吕、祝、终、泉、毕、过。"《广韵》："黄帝二十五子，十二人各以德为姓，第一为任。"孔子弟子有任不齐，魏有任章、任座，赵有任登，秦有任鄙，汉有任敖、任安、任宏。逢时，言遇太平也。汉有王逢时。

侯仲郎。

侯氏之先，郑大夫侯宣多、侯羽之后也。鲁

有侯叔夏、侯犯,齐有侯朝。其后亦皆以为姓。[补曰]魏有侯赢,汉有侯公、侯应、侯嘉。仲者,次伯之下。郎者,可为郎官也。[补曰]仲郎,字也。后汉孟佗字伯郎。

由广国。

戎人由余入秦为相,其后遂称由氏。楚大夫王孙由于有忠勇之节,楚人亦谓其族为由氏焉。[补曰]《风俗通》:“由余,秦相也。”汉有由章。广国,言为本朝益土地也。[补曰]汉有窦广国。又,张广国,为太常。

荣惠常。荣作崇。

周大夫有食采于荣者,因而氏焉。[补曰]《论语》:“武王有乱臣十人。”注“有荣公”。《周书》曰:“王俾荣伯作贿肃慎之命。”《春秋》称:“天王使荣叔来含。”胡暗反。《国语》云:“厉王悦荣夷公。”皆荣氏也。鲁有荣駕鹅。駕音加。《左传》作驾。楚有荣黄,其后亦称荣氏。孔子所见荣启期,泰山郕人也。郕音成。或谓之“荣声期”,启、声相近故也。汉有荣畜。[补曰]荣成伯,鲁声伯之子,名栾,孔子弟子有荣旂。《汉·儒林传》有荣广,《大戴礼》:“荣伊。”《战国策》:“宋荣岔。”《吕氏春秋》:“黄帝命荣猨铸钟。”惠常,言以仁惠为常也。[补曰]惠,顺也。言顺常道也。崇,国名,在今京兆府鄠县。崇侯之后,以国为氏。

乌承禄。

齐大夫乌馀之后,遂以为姓。[补曰]又有乌枝鸣。莒亦有乌存。秦有力士曰乌获。承,受之也。[补曰]《尔雅》:“禄,福也。”后汉有承禄观。

令狐横。令,力呈反。横,叶音黄。见《荀子·佹诗》《楚辞·九辨》、魏文帝、曹子建诗。横,叶胡刚反。

令狐,晋地名也,在河东。大夫魏颗食邑于此,号令狐颗,因为氏焉。[补曰]《国语》:“令狐文子。”“魏颗之子魏颉也。”《广韵》云:“毕万之后。”汉壶关三老令狐茂。颗,口果反。横,充也,大也。[补曰]齐有田横,汉有王横。郭宪字子横。

朱交便。

舜臣朱武。[补曰]当作朱虎,颜氏避唐讳。其后以为姓。[补曰]《后汉·朱晖传》:“《东观记》曰:

‘其先宋微子之后,以国氏。周衰,诸侯灭宋,奔砀,易姓为朱。’”《广韵》:“本自高阳后,周封于邾,后为楚所灭,子孙乃去邑氏朱焉。”《论语》有逸民朱张,《春秋左氏传》齐有朱毛,汉有朱家。[补曰]魏有朱亥,楚有朱英,汉有朱买臣、朱邑、朱云、朱博、朱宇、朱赣、朱穆。交便,善与人交,皆便安之也。[补曰]交,共也。便,利也。犹《荀子》所云“兼利天下”也。

孔何伤。

孔氏之先,与宋同祖。闵公生弗父何,何曾孙曰正考父,考父生孔父嘉,父,皆读曰甫。仲尼即其后也。[补曰]《广韵》:“简狄吞乙卵生契,赐姓子氏。成汤名履字天乙,后代以子加乙,始为孔氏。”汉有孔臧、孔安国。卫有大夫孔达、孔烝鉏。仕于反。其后亦称孔氏。[补曰]郑有孔叔、孔将鉏。又,子孔之后孔张。陈有孔宁、孔奂,齐有孔虺。何伤,言无所伤害也。[补曰]取《论语》“何伤于日月”。沛公左司马曹毋伤。《诸侯王表》:“梁贞王毋伤。”《王子侯表》:“封斯侯胡伤。”《灌婴传》:齐有“华毋伤”。

师猛虎。

师,乐人无目者之称也。晋有师旷,[补曰]

又有师服。鲁有师已,音纪。[补曰]又有师挚、师冕、师乙、师襄。《列女传》:"鲁师春姜,师氏之母也。"郑有师悝、口回反。师豓、师触。其后皆以为姓。[补曰]郑有师叔,汉有师丹、师史、师临。以猛兽为名,尚其威也。[补曰]舜臣有朱虎,周有召虎、王子虎。《后汉·刘盆子传·吕母》:"其中勇士自号猛虎。"清河王子虎威。

石敢当。

卫有石碏、于弱反。石买、石恶,[补曰]又,石骀仲、石祈子。郑有石癸、石楚、石制,皆为石氏。周有石速,[补曰]又,石尚。齐有石之纷如。纷,扶云反。其后亦以命族。[补曰]楚有石奢,宋有石驱,魏有石申夫,汉石奋。敢当,言所当一作向。无敌也。[补曰]《孟子》曰:"彼恶敢当我哉。"

所不侵。

所所,伐木声也。古有虞衡之官,因主伐木,遂以为姓。[补曰]《说文》引《诗》:"伐木所所。"《榖梁传》隐九年:"侠卒。侠者,所侠也。"《风俗通》:"所姓,宋大夫华所事之后。"汉有所忠,武帝之近臣也。[补曰]后汉有所辅。不侵,言其谨悫。

丘角反。不为寇暴也。《春秋左氏传》曰:“不侵不畔之臣。”[补曰]《吕氏春秋》有《不侵篇》,云:“公孙弘可谓不侵矣。立千乘之义而不可凌,可谓士矣。”言不可侵侮也。

龙未央。央,於良反。

龙,舜臣名,命为纳言者也,其后遂以为姓。又董父既赐姓曰董,又易氏曰豢龙,豢音宦。其后亦为龙氏。[补曰]魏将龙贾,项羽将龙且,《孟子》有龙子,《列子》有龙叔,《孔丛子》有龙穆。汉有龙德,善鼓琴。[补曰]又有龙述、龙端。未央,言益寿无极也。[补曰]《艺文志》有《待诏臣安成未央术》一篇。《郊祀歌》:“延寿命,永未央。”王逸注《楚辞》云:“央,尽也。”《汉·王子侯表》:“薪馆侯未央,中山靖王子。”“容丘侯未央,鲁安王孙。”“新昌侯未央,燕刺王曾孙。”“临都侯未央,梁敬王子。”《功臣表》:“摇未央。”《匈奴传》:“刑未央。”

伊婴齐。

伊挚、伊陟,殷之卿宰。其后遂为著姓。汉有伊籍。[补曰]汉御史中丞伊嘉。《儒林传》:“伊推。”王莽封伊玄,奉伊尹后。婴齐,谓婴儿之絜齐者也。鲁有公孙婴齐,[补曰]又有仲婴齐、滕子婴齐。晋有赵婴齐,宋有乐婴齐,卫有孔婴齐,郑子皮之子婴齐,楚有公子婴齐。汉有南越王赵婴齐。[补曰]《王子侯表》:"阿武侯婴齐。"《功臣表》:"武婴齐。"《艺文志》有郎中婴齐,不知其姓。《礼记》注:"婴犹鷖弥也。"《苍颉篇》:"女曰婴,男曰儿。"

翟回庆。《广韵》:"翟音狄。"庆,叶音羌。《易》:"乃终有庆。"《诗》:"农夫之庆。""孝孙有庆。"《反离骚》:"庆夭悴而丧荣。""读与羌同。"《幽通赋》:"庆未得其云已。"《文选》作"羌"。《诗集传》:"庆,叶祛羊反。"

翟氏本齐翟偻力羽反。新之后也。魏有翟璜、翟翦,汉有翟公、翟方进。[补曰]《史记》六国有翟景,《功臣表》"翟盱",《百官表》"翟萌",《儒林传》"翟牧"。回庆者,言福喜方来也。[补曰]《说文》:"回,转也。"

毕稚季。稚,直利反。

周文王之子有毕公高者,其后以为姓。晋之毕万即此族焉。[补曰]毕国在长安县西北。《晋语》有毕阳。滕有毕战,《汉·百官表》有毕聚、毕由。稚季者,言非长,竹丈反。叔幼也。汉有杜稚季。[补曰]《汉书》作稚,霸陵大侠。《尔雅》:"幼,稚也。”《说文》:“季,少称也,从子,从稚省。”汉诸葛丰字少季,尹敏字幼季。以稚名者,徐稚,孺子。以稚字者,王稚叔;匡衡,稚圭;庞真,稚孙;郇相,稚宾;郑弘、王根,稚卿;傅喜,稚游;王涣,稚子;周泽,稚都;孙堪,子稚。

昭小兄。兄,叶虚王反。见《诗·鹑之奔奔》《陟岵》《皇矣》《楚辞·天问》。

昭氏亦楚同姓,共屈、景为三族者也。当战国时有昭奚恤。[补曰]三闾大夫掌王族三姓。有昭阳、昭雎、昭常、昭献、昭鱼。小兄,言上有昆而下有弟也。[补曰]《尔雅》:“男子先生为兄。”汉尹翁归、翟牧字子兄。注云:“兄读曰况。”《说文通释》:“兄者,况也,能以言况其弟也。”

柳尧舜。

鲁公子展之后也。[补曰]《广韵》:“鲁孝公子。”有展禽者,食采于柳下之地,因为柳氏焉。[补曰]卫有柳庄、柳若。尧舜,言依唐虞二帝之则以自警也。[补曰]汉有赵尧、李舜。

乐禹汤。乐,一作药。

乐氏之先,与宋同姓。戴公生乐父读曰甫。

衎，苦旦反。是称乐氏。乐喜皆其后也。[补曰]乐豫，戴公玄孙。《唐·世系表》："戴公生公子衎，字乐父。"《广韵》："戴公四世孙乐吕为大司寇。"乐喜，司城子罕也。楚有乐伯，亦因得姓。战国时燕有乐毅、乐间。[补曰]鲁有乐颀，晋有乐王鲋、乐徵、乐霄，郑有乐耳，孔子弟子有乐欬，魏有乐羊、乐腾，赵有乐池，汉有乐说。禹汤，言钦夏殷两王之美，顺其则也。[补曰]汉有兒汤、贡禹、张汤、赵禹。药氏，后汉有药崧。

淳于登。

《春秋》淳于公如曹，度徒各反。其国危，遂不复。淳于之地，即北海淳于县是也，后以国为姓。战国时，齐有淳于髡，口昆反。秦始皇时有淳于越，汉有淳于长。[补曰]又，淳于意、淳于陵渠、淳于恭。淳于县故城在密州安丘县东北。恭，淳于人。《尔雅》："登，成也。"《广韵》："升也，进也。"宋有华登。

费通光。费，扶味反。一音秘。

费氏，楚大夫费无极之后也。[补曰]《史记·秦纪》："女华生大费，是为柏翳。大费生子二人，二曰若木，实费氏。其玄孙费昌，为汤御，以败桀于鸣条。"《夏纪》云："禹为姒姓，其后分封，有费氏。"《广韵》云："夏禹之后。"殷有费中，《左传》鲁有费庈父。费音秘，庈音琴。《孟子》："费惠公。"战国有费緤，汉有费贻。汉有费直。通光，犹言开明。［补曰］后汉王叡字通耀。

柘温舒。柘，之夜反。

柘，楚地名也，后更为县，时属淮阳国。所居之人因而命氏。［补曰］《灌婴传》："柘公王武。"柘，今拱州柘城县，故柘城在宁陵县。《史记》："越大夫柘稽。"温舒，言其温裕而安舒。汉有路温舒。［补曰］《史记·乐书》："闻宫音使人温舒而广大。"汉又有王温舒。

路政阳。政，一作正。

路，水名也。又因为县，在涿郡界，居者氏焉。［补曰］陆终子求言为妘姓。路，其后别封也。《唐·世系表》："出姬姓。帝挚子玄元，尧封于路，子孙以国氏。"《广韵》："本自帝挚之后。"《吕氏春秋》有路说。汉有路中大夫、路温舒。［补曰］又，路博德、路恭、路充国。政阳，言其堪为政而有光阳也。［补曰］政，一作正，谓阳德之正也。司马相如曰："正阳显。"见《诗谱》，有徐正阳注。

霍圣宫。

周文王之子有霍叔武一作处。者，其国在河东，今霍邑县是也，后嗣为晋献公所灭，子孙遂姓霍氏。汉之霍去病、霍光，即河东人也。[补曰]霍邑，今晋州。《左传》："晋霍伯，先且居也。"圣宫，言睹一作观。圣人之奥秘，若入其宫室也。子赣曰："譬之宫墙，夫子之墙数仞，不得其门而入，不见宗庙之美，百官之富。"[补曰]《说文通释》："通而先识曰圣。"汉冯立字圣卿。

颜文章。

颜氏本出颛顼之后。颛顼生老童，老童生吴回，为高辛火正，是谓祝融。祝融生陆终，陆终生六子，其五曰安，是为曹姓。[补曰]《世本》："宋忠曰：'安，名也。'"周武王封其苗裔于邾，为鲁附庸，在鲁国邹县。其后邾武公名夷父，字曰颜。父读曰甫。故《春秋公羊传》谓之颜公，其后遂称颜氏。齐鲁之间，皆为盛族。孔子弟子达者七十二人，颜氏有八人焉。四科之首，回也，标为"德行"。[补曰]颜回父颜无繇、颜幸、颜高、颜祖、颜之仆、颜哙、颜何。《韩子》称儒分为八，而颜氏处其一焉。[补曰]齐有颜庚，卫有颜雠由，战国有颜率、颜斶，鲁有颜阖、颜丁。汉有颜驷、颜异、颜安乐，以《春秋》名家。文章，言其文章也。一作言有文章之材也。

管财智。管，一作莞。

管氏之先，出自周文王，以国命氏也。［补曰］管国在郑州管城。《广韵》："周文王子管叔之后。"齐有管至父、管夷吾、管于奚、管脩，因为著姓。父读曰甫。［补曰］《新序》楚有筦苏，《战国策》齐有管燕。财智，言富于财而又多智也。［补曰］《汉书》"财"与"材"字通。《晁错传》："资财不下五帝。"《孟子》："有达财者。"亦与材同。言有材有智也。莞氏，《汉·儒林传》："筦路。"师古曰："筦亦管字。"萧该案："《风俗通·姓氏篇》有筦、管二姓，云：'筦苏，楚大夫，见《吕氏春秋》。汉有筦路，为御史中丞。'"莞音官。

偏吕张。

楚之军帅，所类反。使主偏者，因以为姓也。《司马法》曰："车十五乘曰偏。"《春秋左氏传》曰："广有一卒，广，工旷反。卒偏之两。"［补曰］《广韵》"偏"姓引《急就篇》。吕张，言为心吕之臣，可张大王室也。昔者大岳为禹心吕之臣，故封吕侯，以譬身有脊吕骨也。其为字象形，非两口也。[补曰]《国语》："四岳，氏曰有吕，谓其能为禹心膂。"《字林》云："吕，脊骨也。"又作膂。楚有芳吕臣，一云：吕、张，二氏也，与后"魏唐"同。吕，姜姓，因封吕为氏，吕尚其后也。又晋吕锜、吕相，本魏氏。张本自轩辕第五子挥始造弦，实张网罗，世掌其职，后因氏焉。周有张仲，晋有张老。

鲁贺喜。

伯禽之后，有悼公者，为楚所灭，子孙以国为氏。[补曰]鲁国在兖州曲阜县。《风俗通》云："氏于国，齐、鲁、宋、卫是也。"战国有鲁仲连、鲁句践，汉有鲁赐、鲁翁孺、鲁恭。贺喜，言有喜而可贺也。[补曰]《说文》："贺，以礼物相奉庆也。"汉有陈贺、缯贺、梁丘贺、张贺、公孙贺。

观宜王。观，工唤反。一作灌。

观，夏之同姓诸侯也。国灭之后，因而氏焉。晋有观武，楚有观起、观从，皆其胤也。[补曰]《地理志》："东郡畔观县。"今澶州观城。《左传》："夏有观扈。"《国语》："启有五观。"晋有观虎，武即虎也。楚又有观丁父、观瞻、观射父。战国观鞅。观字或作灌。斟之林反。灌，亦夏时国名也，其后为灌氏焉。[补曰]《地理志》:“北海寿光县。”“应劭曰:‘古斟灌,禹后,今灌亭是也。’”在青州。汉有灌婴。宜王,言有益于王室者也。[补曰]《汉》有“酒泉侯宜君”,注:“宜君,侯之名也。”

程忠信。

程氏之先,本重黎之后。周有程伯休父,因姓程焉。重,丈龙反。父读曰甫。[补曰]洛阳有上程聚,古程国。《氏族略》:“重为火正,裔孙封于程。”晋有程郑,实佐下军。汉有程郑,临邛富室。[补曰]《晋语》注:“程郑,荀骓之曾孙,程季之子。”晋有程婴。《韩诗外传》:“齐程本子。”秦程邈,汉程不识、程嘉。忠信,为周言不阿党也。[补曰]中心为忠,人言为信。《易》曰:“忠信,所以进德也。”

吴仲皇。

周大王之子太伯,始封于吴。吴氏即其后也。[补曰]《广韵》云:“后季札避国,子孙家于鲁卫之间。”吴起,卫人。赵有吴广。舜后封虞,虞、吴音近,故亦姓吴。汉吴芮、吴公。仲者,次伯之下。皇者,正也,大也。

许终古。

许氏，许由之后也，太岳之胤有姜姓者，封于许国。[补曰]《国语》："姜，伯夷之后也。"注："伯夷，炎帝之后，四岳之族。"《左传》注："许，颍川许昌县。"今颍昌府。"太岳，神农之后，尧四岳也。"其后为楚所灭，末裔亦姓许。晋有许偃，[补曰]《左传》："许偃。"楚大夫。郑有许瑕，楚有许伯，亦称许氏。[补曰]赵有许歷，汉有许昌、许商。终古，言不废绝也。[补曰]《考工记》注："终古，常也。"《离骚》注："古之所终，谓来日之无穷也。"《吕氏春秋》："夏太史令终古。"汉有济北思王终古。[补曰]《王子侯表》："柏畅侯终古。""云侯终古。"《功臣表》："蓹兒侯辕终古。"辕，一作榬。

贾友仓。

贾，本姬姓国也。晋吞灭之，后称贾氏。[补曰]《广韵》："周贾伯之后。"晋有贾华、贾佗、徒何反。[补曰]《国语》注："贾季，狐偃之子射姑也，食采于贾，字季佗。"贾伯、贾辛，皆其裔也。[补曰]汉有贾山、贾谊。又，《左传》齐有贾举、贾寅，陈有贾获。友仓，言慕仓舒，追而友之。[补曰]《左传》高阳氏有才子苍舒，《古今人表》作仓舒。《孟子》曰："尚论古之人。""是尚友也。"

陈元始。

舜后妫满，周武王封之于陈，其后为楚所灭，子孙因姓陈焉。[补曰]陈国，今陈州。陈公子完奔齐，为陈氏。《孟子》："陈良，楚产也。"战国有陈轸，汉有陈婴、陈平。元始，长子之称也。[补曰]《尔雅》："元，始也。"《穀梁传》疏："穀梁子名俶，字元始。"《功臣表》有陶元始。《后汉》："崔寔，一名台，字元始。"

韩魏唐。

周武王之子封于韩，其后为晋所灭，因称韩氏。晋大夫韩万即其后也。及三家篡晋，侯王相袭，故其宗党分布四方。[补曰]韩侯国在同州韩城。《礼记》疏："以邑为氏，韩、赵、魏是也。"或曰：韩万，曲沃桓叔之子也。晋灭韩，令万食其地焉，因为韩氏。[补曰]汉有韩信、韩安国、韩延寿、韩福、韩婴。魏唐，取二国之地以为名也。[补曰]《集古录》：汉有"孟纵，字河雒"，亦此类。魏本姬姓，亦为晋所灭，其地即河东河北县是也。[补曰]《地理志》："河东郡河北县。""《诗》'魏国'。"今河中府永乐县。《广韵》："毕万仕晋，封魏，后因氏焉。"汉有魏无知、魏相。唐即晋地也，故《诗·蟋蟀》叙曰："此晋也，而谓之唐。"[补曰]河东本唐尧所居，成王封母弟叔虞曰唐侯，至子燮改为晋侯。史伯曰："当成周，南有随，唐。"唐，姬姓。《左传》："唐惠侯。""唐成公。"《广韵》："唐尧之后，子孙氏焉。"郑有唐苟，魏有唐睢，宋有唐鞅，楚有唐狡、唐勒，汉有唐厉、唐蒙、唐都。一云魏、唐，二氏也。

液容调。液音亦，一作掖。

上古道术之士，善于炼化，能作液汤者，后嗣因以液为姓。［补曰］《素问》有《汤液论》。《艺文志》："《汤液经法》三十二卷。"《事物纪原》："《汤液经》出于伊尹。"《广韵》"液"姓引《急就章》。容调者，言其容止调和。［补曰］掖，县名，在东莱，今莱州，以邑为氏。《广韵》有"掖"姓。容调，宽和也。《荀子》曰："调而不流，宽容而不乱。"

柏杜杨。杜一作度。杨一作扬。

古帝有柏皇氏，其后称柏氏焉。一曰：晋伯宗、伯州犁之后。古通用字柏与伯同，故为柏氏。［补曰］《古今人表》伯皆为柏。又，柏国在汝南西平县。《庄子》："柏矩。"魏有柏直，汉有柏至。［补曰］《功臣表》："柏至侯许盎。"非姓名也。《西南夷传》："柏始昌。"杜杨，以二木为名也。杜，甘棠也。牡者曰棠，无子者也。牝者曰杜，有子者也。[补曰]《尔雅》注:“今之杜梨。”杨,一名蒲柳,可以为矢。[补曰]《尔雅》注:“《左传》所谓董泽之蒲。”柏、杜、杨皆木也,亦马、牛、羊之类。一云:杜、杨二氏也。杜,本自帝尧,祁姓,杜柏之后。六国有杜赫,汉有杜周。或作度,亦氏也。汉有度尚。杨,本自周宣王子杨侯,后并于晋,因为氏。汉有杨敞。亦作扬,汉有扬雄。

曹富贵。

曹氏即陆终之子安所出也。又周文王之子曰曹叔振铎,武王封之陶丘,号曰曹伯。其后为宋所灭,亦为曹氏。而齐有曹开,亦称曹族。[补曰]史伯曰:“祝融八姓。曹姓,邹、莒。”《荀子》:纣臣“曹触龙”。《广韵》:“周武王封曹挟于邾。”鲁有曹刿。孔子弟子,曹恤。《孟子》有曹交,汉有曹参。魏武《家传》自云“曹叔振铎之后”。曹国本曹州。《广韵》云:“以国为氏。”富贵,言满而不溢、高而不危也。[补曰]《功臣表》:“张富昌。”

尹李桑。

尹氏本周大夫也,后为官族。[补曰]周有尹佚、尹吉甫,晋有尹铎,齐有尹文、尹士,汉有尹更始、尹翁归、尹齐、尹赏、尹咸。李桑,义与“杜杨”同。

[补曰]《汉·外戚表》有窦桑林。一云:李、桑,二氏也。李,伯阳之后。晋李离、李调,魏李克、李悝,赵李牧。桑,秦公孙枝子桑之后。齐有桑掩胥,汉有桑弘羊、桑钦。

萧彭祖。

萧氏本出殷之六族,成王所用封伯禽也。又有萧国,其君子姓,宋之附庸,为楚所灭,亦称萧氏。[补曰]《风俗通》:"宋乐叔以立御说之功,受封于萧,列附庸之国。"今徐州萧县。《广韵》:"本自宋支子,食采于萧,后因为氏。"汉有萧何、萧望之、萧奋。彭祖者,追慕彭铿,尚其长年也。铿,口耕反。[补曰]《庄子》云:"彭祖,上及有虞,下及五伯。"《世本》云:"姓篯,名铿。"汉有张彭祖、严彭祖。[补曰]又有赵王彭祖、祕彭祖、窦彭祖、田彭祖、赵彭祖、刘彭祖、邓彭祖、黎彭祖、蔡彭祖。

屈宗谈。屈,居勿反。谈,徒甘反,叶阳韵。

屈氏之先,楚同姓也。屈瑕、屈重、屈荡、屈建、屈平,皆其后焉。[补曰]《元和姓纂》:"楚武王子瑕食采于屈,因氏焉。"宋有屈毂,韩有屈白,后汉屈豫、屈充。宗谈,言有口辨,为谈者所宗也。[补曰]《说文》:"谈,语也。"赵有张孟谈。以谈合桑,古韵疏也。[补曰]《诗·殷武》严叶遑,《桑柔》瞻叶臧。

樊爱君。

周大夫仲山甫,宣王时为樊侯,遂称樊氏。樊皮即其后也。[补曰]樊邑在东都畿内。殷民七族,有樊氏。孔子弟子,樊迟。秦有樊於期,汉有樊哙、樊重、富人樊嘉。爱君,言慕鬻拳之为人也。鬻,弋六反。拳音权。[补曰]范宁曰:"以兵谏为爱君,是人主可得而胁也。"孔子言事君,引《诗》"心乎爱矣,遐不谓矣",盖取忠不忘君之义。

崔孝让。

让,叶如羊反。见《诗·角弓》《楚辞·大招》《荀子·成相》。

崔,齐邑名也,丁公之子于此受封,其后有崔夭,夭之支庶。苗裔盛焉。夭,於表反。[补曰]汉有崔篆。孝让,言既有孝德,又能克让也。[补曰]《尔雅》:"善父母为孝。"《说文通释》:"于文子承老为孝。"让,谦逊也。后汉张歆字敬让。

姚得赐。

姚,舜姓也。陟方之后,末嗣称焉。郑有姚句耳,汉有姚平。句音钩。[补曰]秦有姚贾,汉有姚定，汉王莽时有姚恂。得赐，言多受君之宠锡也。

燕楚庄。燕，乌贤反。

燕劭公奭，式亦反。本周之同姓，其后以国为氏云。[补曰]南燕姞姓，国在今滑州。召公封北燕，今燕山府。《广韵》："燕为秦所灭，子孙以国为氏。"孔子弟子有燕伋，赵有燕周，汉有燕仓、燕广。楚庄，言慕楚庄王也。[补曰]以楚庄为名字，若宋句践、鲁句践，刘昆、苏纯字桓公，秦周字平王。《吕氏春秋》有"邹公子夏后启"。

薛胜客。薛，私列反。胜，书烝反。

有奚仲者，为夏车正，受封于薛，后迁于邳。而仲虺居薛，为汤左相。邳，皮眉反。其后称为薛侯，及为楚所并，余族因号薛氏。[补曰]《左传》注："薛，鲁国薛县。"在徐州滕县界。《广韵》："本自黄帝，任姓之后。"《说文》："邳，在鲁薛县。"《左传》注："下邳县。"宋有薛居州。赵有薛公，汉有薛泽、薛广德、薛宣、薛万。胜者，克堪之义。客有，人礼敬之为上客也。[补曰]《汉·功臣表》：郭亭孙"胜客"、樊哙曾孙"胜客"，《恩泽侯表》：丙吉玄孙"胜客"。

聂干将。聂，女辄反。将，资良反。

聂本地名，因以为姓也。《春秋》称："齐师、宋师、曹师次于聂北，救邢。"[补曰]聂北，邢地。《广韵》："楚大夫食采于聂，因以为氏。"韩有聂政，汉有聂壹。干将，古之善剑，一曰剑师名也。[补曰]《吴越春秋》："干将，吴人，造剑二枚，一曰干将，一曰莫耶。"《子虚赋》注："韩王剑师也。"

求男弟。

求氏本居卫国裘氏之地，故称裘焉，后又转为求字。[补曰]《礼记》：卫献公与柳庄"邑裘氏"。《庄子》："郑人缓呻吟裘氏之地。"《考工记》有"裘氏"。汉末有求仲，即此族也。男者，以别女。弟者，有兄之称也。[补曰]《汉·功臣表》有赵弟，《后汉》："李章字弟公。""祭遵字弟孙。"《说文通释》："既壮而任力，故于文，力田为男。""弟者，弟也，相次弟也，古谓韦束之相次压为弟。"

过说长。过，古禾反。说音悦。

过者，夏时国名，因为姓也。[补曰]《晋地道记》："东莱掖县有过乡，北有过城，古过国。"《世本·氏姓篇》："任姓，过。"《风俗通》："过国，夏诸侯，后因为氏。"汉有兖州刺史过栩。说长，言常悦豫也。

[补曰]《尔雅》:“悦,乐也。”《说文通释》:“于文,心兑为悦。《易》曰:‘兑,说也。’”《荀子》曰:“乐易者常寿长。”汉有戴长乐。

祝恭敬。

祝氏,郑祝聃乃甘反。之后也。又,卫有祝鮀,徒何反。后嗣传职,贤而有识,亦称祝氏。[补曰]祝以国氏,周武王封帝尧之后于祝。《唐·世系表》:“出姬姓,武王封黄帝之后于祝,后为齐所并,祝阿、祝丘是也。”《世本》:“祝,任姓。”又,以官为氏。周有祝跪,汉有祝生、祝午、祝恬、祝良。汉《祝睦碑》云:“郑有祝聃,君其胤也。”恭敬谓不忘恭敬,慕赵盾也。[补曰]《国语》:“观射父曰:‘恭敬明神者,以为之祝。’”朱子曰:“恭主容,敬主事。恭见乎外,敬主乎中。”

审毋妨。毋音无,一作无。妨,敷方反,害也。

审氏之先,为周司空属官,主审曲面势者也,后因赐族。汉有审食其。音异基。[补曰]后汉有审忠、审配。毋妨,言勿有所妨害也。[补曰]古人云毋,犹今人言莫也,与父母字不同。《楚辞》:“敬而无妨。”《汉·王子侯表》:“安众缪侯毋妨。”长沙定王曾孙。若韩申不害、汉华毋害、合博胡害、阎毋害、杨毋害之类。

庞赏赣。

庞，皮江反。赣、贡同。

庞者，高屋之名。庞氏之先，赀产殷富，好为室屋，乡党荣慕，谓之庞家，遂以立氏。魏有庞涓。工玄反。[补曰]《广韵》："周文王子毕公高后封于庞，因氏焉。"庞，楚邑也。《越世家》云："庞，长沙，楚之粟也。"盖以邑为氏。燕有庞煖，汉有庞真、雄、参。赣，赐也。赏赣，义与"得赐"同。[补曰]端木赐字子赣。汉吾丘寿王、张忠、王尊字子赣，薛宣字赣君，郑兴字少赣。

来士梁。

来，一作斄。

来氏，殷之别族，本子姓。[补曰]商之支孙，食采于郲，因以命氏，后单为来。《百官表》有来平，《后汉》有来歙。士梁，言为士君子之栋梁。[补曰]《尔雅》："宊廇谓之梁。"斄，读与部同。后稷封于斄，今武功故城是，音台。右扶风有斄县。《说文》："部，炎帝之后，姜姓所封。周弃外家国。《诗》曰：'即有部家室。'"

成博好。

成者，周之采地，卿士所食，成肃公、简公、桓公是也,故称成氏焉。[补曰]《史记》:“武王封弟叔武于成。”《广韵》:“本自周文王子,成伯之后。”又,楚令尹子玉,若敖孙也,号成得臣,亦为成氏。大心、成熊,皆其后也。晋有成鱄、止兖反。成何,何后奔燕。宋有成欢,火官反。秦有成差,并为成姓。[补曰]齐有成秩,汉有成丹。博,大也。[补曰]《荀子》曰:“多闻曰博。”言好学之广博也。好,呼报反。

范建羌。起良反。

陶唐氏之后,在夏为御龙氏,在商为豕韦氏,在周为唐杜氏。其后杜伯之孙曰士𫇭,为晋司空。𫇭子士縠,亦继其官。𫇭孙士会,晋大傅,食邑于范,为范氏。𫇭,于彼反。縠,胡谷反。楚有范山、范蜎,越有范蠡,魏有范雎,西楚有范增,汉有范方渠、范延寿。建羌,言立功于西羌之地也。[补曰]《说文》:“羌,西戎牧羊人。”以羌为名者,后汉有范羌、唐羌。

阎欢欣。阎,余廉反。

阎者,里中门也。因其所居,遂以为姓。晋有阎嘉、阎没,齐有阎职。[补曰]阎,以邑为氏。

《左传》:“康叔取于有阎之土,以共王职。”阎嘉,晋阎县大夫。楚有阎敖,秦有阎遏,汉有阎泽赤、阎奉、阎崇、阎迁。《唐·世系表》:“出自姬姓,周武王封太伯曾孙仲弈于阎乡,因为氏。又,昭王少子生而手文曰‘阎’,封于阎城。又,唐叔虞之后晋成公子懿食采阎邑,晋灭,子孙散处河洛。欢欣,言得人之欢心。

甯可忘。

宁氏与秦同姓,秦襄公曾孙谥曰“宁公”,支庶因以为氏。一曰宁、甯本一姓,卫大夫甯愈之后也。汉有甯成,《史记》作宁成。[补曰]《吕氏春秋》:荆庄王臣“宁国”,《过秦篇》:“甯越”,《史记》作宁越,索隐曰:“赵人。”可忘,言其善德不可忘也。《诗》云:“有斐君子,终不可谖兮。”斐,敷尾反。谖,许元反。谖亦忘也。[补曰]《赵充国传》:“羌豪靡忘。”

苟贞夫。

苟,草名也,所居饶之,因以命氏。汉有苟宾,河内人也。今之河内,犹有此姓焉。[补曰]《广韵》:“本自黄帝之子。”《孔丛子》卫有苟变。汉有苟参、苟谏。一曰:本晋大夫荀氏之后,避难改族而称苟云。贞者,言有岁寒之节。夫者,大夫之谓也。[补曰]《百官表》有"大农令正夫"。夫者,扶也,既壮曰夫。

苗涉臧。苗,一作茅。

苗贲皇,本楚人,后奔于晋。其子孙遂为苗氏。[补曰]苗,晋邑。《左传》:"若敖之乱,伯贲之子贲皇奔晋。晋人与之苗,以为谋主。"一作婪。王莽时有苗䜣。与欣同。篇本[补曰]《冯异传》有苗萌,《吴汉传》有苗曾。苗字或作茅,国名也,周公子所封,其后因以为氏。又,郝有茅地及茅夷鸿,皆茅姓也。[补曰]晋有茅筏,秦有茅焦,汉有茅兰,后汉茅容。涉臧,言其所涉皆善道也。一曰遇难逃祸,涉水而藏匿也。[补曰]《尔雅》曰:"臧,善也。"

田细儿。

田氏之先,职赋田者也,因以为姓。晋有田苏,宋有田景。[补曰]《左传》:"田丙",以唐讳改。又,鲁有田饶,魏有田子方,燕有田光。又,陈厉公之子完奔齐,代为卿佐,遂篡齐国。后自称王,又称东帝。其族亦为田氏,盖以陈、田声相近云。及为秦所灭,汉兴,徙田族于关中,今之高陵、栎阳诸田是也。栎音药。[补曰]汉有田何、田叔、田蚡、田千秋、田延年。细儿，言小儿也。[补曰]若白光、胡常、王崇、逢信字少子，枚皋字少孺，卫媪次女少儿，《外戚传》"贾长儿"，郭伋字细侯，刘歆字细君。又有右师细君、江都王建女细君。

谢内黄。

谢，南方国名也。周宣王后父申伯于此作邑，其后以为氏。鲁有谢息。[补曰]谢在南阳棘阳县，今唐州。范文正公《谢涛碑》云："黄帝后十姓，谢居一焉。"欧阳公《谢绛志》云："黄帝后任姓之别为十族，谢其一。"《世本》："任姓，谢。"《吕氏春秋》："东方墨者谢子。"汉有谢多、谢尧、谢穷。内黄，言黄中通理也。[补曰]《尸子》有中黄伯，《汉·功臣表》："山都宪侯王中黄。"一曰：取县为名也。内黄属魏郡。[补曰]今相州内黄县。以地为名者，《左传》："苫越生子，将待事而名之。阳州之役获焉，名之曰阳州。"汉有广川王汝阳、冯野王刘真定、东郭咸阳、雍巨鹿、张长安、田云中。

柴桂林。

卫人高柴，为孔子弟子，后居于鲁，末裔以柴为姓。汉有将军柴武。桂林者，取其冬生不凋而众盛之意。[补曰]《楚辞·远游》:“嘉南州之炎德兮,丽桂树之冬荣。”桂林亦郡名,汉郁林郡,故秦桂林郡。《山海经》:“桂林八树,在番隅东。”

温直衡。衡,叶户郎反,见《诗·采芑》《韩奕》《閟宫》《烈祖》《长发》《楚辞·九歌》《惜誓》。

温氏之先,出自己姓。己音纪。又,晋之郤至,食邑河内之温,号曰温季。其后亦为温氏。[补曰]《春秋》:“温子奔卫。”周司寇苏公之后,国于温。《国语》:“己姓,苏。”温,今孟州温县。《广韵》:“唐叔虞之后,受封于河内温,因以命氏。”汉有温疥、温顺、温序。《温氏谱序》曰:“晋大夫郤至封于温,子孙因氏。居太原祁县,为著姓。”直衡,言其正而平也。

奚骄叔。

奚仲既迁于邳,其后遂称奚氏。汉有奚涓。工玄反。[补曰]又有奚意。骄者,父母爱而名之。叔者,伯仲之下也。[补曰]憍,怜也,恣也,亦作骄。孔子弟子颜高、汉萧由、假仓字子骄。《淮南王安传》有朱骄如,《东观记》:“徐宣字骄稚。”

邴胜箱。邴一作祊,音柄,又音丙。胜,书烝反。

祊,泰山下邑也,居之者以为姓焉。朱氏曰:"《春秋》祊字,《公》《穀》作邴。故颜氏以祊注邴,但少'邴亦作祊'四字,而后人不晓,乃于注末妄增八字,云'以邴为祊其注未详'者,误矣。"[补曰]鲁有邴泄。《说文》:"邴,宋下邑。"《通释》云:"《公羊传》以鲁祊田作邴字,郭璞注《穆天子传》亦同,许慎所不取也。"晋有邴豫、邴师,齐有邴歜、音触。邴夏、古雅反。邴意兹,汉有邴丹。[补曰]又有邴汉、邴尊。胜箱,言其堪任近侍,在东西箱也。[补曰]《汉书》注:"正寝之东西室皆曰箱,言似箱箧之形。"一曰:言能负重致远,以牛为喻也。[补曰]《诗》:"睆彼牵牛,不以服箱。"注:"箱,大车之箱也。"

雍弘敞。雍,於用反。

雍,国名也,在河内山阳,文王之子所封,其后以为姓。又,宋有雍氏,本姞姓也。姞,其乙反。[补曰]《左传》:"雍,文之昭也。"《风俗通》:"文王子雍伯之后。"郑有雍纠,齐有雍廪,楚有雍子,后入于晋,其裔皆雍氏。[补曰]《淮南子》晋有雍季,汉有雍乐成。汉有雍齿。弘敞,言其大而高明也。[补曰]《西京赋》:"赫盱盱以弘敞。"

刘若芳。

刘氏之先，与范氏同祖。士会自秦归于晋，其族留秦不去者为刘氏。［补曰］陶唐氏既衰，其后刘累学扰龙，事孔甲，范氏其后也，在秦者复刘累之姓。又，周之采地亦名为刘。刘康公、定公、献公，皆王卿士也。其后亦称刘姓。若芳，言如兰若之芬芳也。若谓杜若，芳草名也。［补曰］《离骚》："香草以配忠贞。"《九歌》："采芳洲兮杜若。"杜若，叶似姜，根似旋覆而有文理，味平，《广雅》所谓楚蘅。汉杨兴字君兰。

毛遗羽。

文王之子封于毛国，其后以为姓焉。［补曰］《史记》："毛叔郑。"《顾命》："毛公司空。"又，周之采地亦名为毛，卿士所食，毛伯卫、毛伯过皆是也。其后亦称毛氏。赵有毛遂，［补曰］又有毛公。汉有毛释之。［补曰］又有毛苌。遗羽，自谦之称，言极轻贱也。［补曰］《淮南子》云："权轻飞羽。"毛、羽同类。

马牛羊。

造父既封赵城，其后称马氏，盖以善御马

云。又,赵将赵奢克败秦师,赐号马服君,其后亦为马姓。[补曰]马宫,本姓马矢。牛羊者,爱而讳之,比之于畜产者也。[补曰]爱而比之,若司马相如名犬子、王修名狗子之类。以牛羊为名字,有司马牛、乐羊,冉耕字伯牛,祁奚字黄羊,见《吕氏春秋》。又,牛、羊亦氏也。《风俗通》:"牛崇为陇西主簿,马文渊为太守,羊喜为功曹。凉部云:三牲备具。"此亦设姓名为戏。然邾子貜且、卫公子歂犬以兽名,汉长沙王鲋鮈以鱼名,齐大夫蚔蛙、韩公子虮虱以虫名,古多有之。

尚次倩。千见反。

吕望为周武王太师,号尚父,其后或以为姓。[补曰]《战国策》韩有尚靳,汉有尚但、尚长子平。次者,长幼之第。倩者,青色而美也。[补曰]倩,士之美称。《说文通释》:"若草木之葱倩。"汉江充字次倩。以倩为字者,萧望之,长倩;龚舍,君倩;杨中倩;东方朔、隽不疑、于定国,曼倩。

丘则刚。

陈有宛丘,居之者以为姓。[补曰]《风俗通》曰:"鲁左丘明之后。又,齐太公封于营丘,支孙以地为氏。"又,邾有丘弱,后亦为丘氏。[补曰]《列子》有丘郈章，汉有丘子明。则犹象也，谓法象于天，为刚德而不干时也。[补曰]《说文》："刚，强断也。"《庄子》："则阳游于楚。"注："名则阳，字彭阳。"

阴宾上。

阴亦周之采地。周大夫阴忌、阴不佞、阴里。其后遂为姓焉。[补曰]《后汉·阴识传》："其先出自管仲。管仲七世孙修，自齐适楚，为阴大夫，因而氏焉。"宾上者，见宾礼于君上，取利用宾于王之义。[补曰]汉龚胜字君宾。

翠鸳鸯。

翠氏，楚景翠之后也。避入关之迁，怀土逃匿，改姓为翠。[补曰]《广韵》"翠"姓引《急就章》。鸳鸯，取匹鸟为名也。[补曰]《诗》笺："匹鸟，言其止则相耦，飞则为双。"《列子》："周宣王之牧正有役人梁鸯者，能养野禽兽。"魏有文鸯。翠、鸳、鸯皆鸟也，与马牛羊同。取为名，若荣駕鹅之类。駕鹅，野鹅也。《春秋后语》楚有昭雁。《说文》："《春秋传》宋公子若鸽。"秦有士雃。

庶霸遂。

庶氏之先，本出卫之公族，以非正嫡，遂号

庶氏。《礼记》曰："子思之母死于卫。"庶氏之女也。及《春秋》："郳庶其来奔。"其后亦为庶氏。[补曰]周有庶子官，以官为氏。霸遂，言能遂成霸功。[补曰]《晋语》："文公于是乎遂霸。"霸，把也，把持诸侯之权。汉有黄霸、张霸。

萬段卿。卿，叶乞郎反。萬，王矩反。《广韵》音矩，又音萬。

萬亦楀字。楀者，木名，因树以得姓也。《诗》云："楀维师氏。"楀音同。《汉书》楀作萬。谓女宠之族有姓楀者，为师氏之官也。汉有萬章。[补曰]《说文通释》："萬，草也。汉游侠有萬章，字子夏。""楀，木也。《诗》'楀维师氏。'"《考工记》萬与矩同。段卿者，言其厚重如石之段，可为卿也。《春秋》郑有印段字子石、公孙段字伯石。[补曰]段本作碫。《说文》引《春秋传》："郑公孙碫，乎加反。"《广韵》："段，徒玩反。""碫，砺石，丁贯反。"宋褚师段字子石。《孙子》曰："如段之投卵。"

泠幼功。泠一作伶，音零，字从水。亦作伶。

泠人，掌乐之官也，因为姓焉。黄帝时有泠伦。[补曰]《汉·律历志》作纶。周有泠州鸠，秦有泠至，汉有泠褒、泠丰。[补曰]《诗·简兮》笺："泠官，乐官也。泠氏世掌乐官而善焉，故后世多号乐官为泠官。"《战国策》韩有泠向，《吕氏春秋》周有伶悝，《郑志》有泠刚，《汉·功臣表》有泠耳、泠广。幼者，少小之次。功者，言能立功也。[补曰]汉张戎字仲功。《史记》："公孙季功。"

武初昌。

周大夫武氏子，其后因为武姓。陈胜之起也，武臣自立为赵王，项羽之客亦有武涉。[补曰]《风俗通》："宋武公之后。"柳芳曰："氏于谥，则文、武、成、宣。"汉有武虎、武让。初昌者，言始昌大也。汉有夏侯始昌。[补曰]《西南夷传》："栢始昌"，《王子侯表》有临众侯始昌，《功臣表》有王始昌。初者，先后之序也。汉有齐王次昌。《说文通释》云：《诗》"东方昌矣"，昌即明也。晋孝武以东方明时生，名曰昌明。

卷　二

褚回池。褚，丑吕反。

褚师，官名也。卫有褚师定子、声子及褚师圃。其后因姓褚焉。[补曰]《左传》注："褚师，市官。"宋褚师段，共公子。《广韵》："宋共公子石，食采于褚。其德可师，号曰褚师，因而命氏。"又，周有褚氏之地，居者亦因命族。[补曰]《左传》："王宿于褚氏。"汉有褚大、褚少孙。回池，犹颜回字子渊之义也。渊，一作深，避唐讳。[补曰]《荀子》曰："水深则回。"注："流旋也。"《说文》："渊，回水也。"又云："池沼通用沱字。"徐铉曰："今别作池，非是。"池疑当作渊。褚渊字彦回，或取于此。

兰伟房。一作防。

郑穆公本因梦兰而生，故号公子兰．其后支庶或为兰氏。[补曰]《广韵》："汉有武陵太守兰广。"伟房，言其器大，众艺所聚也。[补曰]伟，奇也。《后汉·冯衍传》注："《豫章旧志》曰：'周生丰字伟防。'"防与房古字通用。《魏志》:"王观字伟台。"

减罢军。罢,簿蟹反,又音疲。

减氏之先,为晋公族大夫。骊姬之难,晋废公族,因谓其人为减氏。减者,省也。省,所领反。汉有减宣。罢军,犹言偃武也。[补曰]《汉·王子侯表》"管侯罢军""郑侯罢军""蔺侯罢军""柳侯罢师"。《功臣表》"成侯董罢军""共侯卢罢师"。《汉表》作旅。《百官表》:"卫尉王罢军。"一说:久从戎役,故疲劳也。[补曰]《左传》齐有襄罢师。音皮。楚有公子罢戎。

桥窦阳。

黄帝葬于桥山,群臣追慕,守冢不去者,因为桥氏。汉有桥庇、必寐反。桥仁、桥桃。[补曰]《孔丛子》有桥子良。《后汉》:"桥玄七世祖仁。"空穴曰窦,墙南曰阳。言若生于窦阳,故为名也。[补曰]一云:窦、阳皆氏也。夏后相后缗逃出自窦,归于有仍,生少康。少康二子,曰杼,曰龙。龙留居有仍,遂为窦氏。龙六十九世孙鸣犊,为晋大夫。鸣犊七世孙婴,相武帝。阳,因邑命氏。晋有阳处父,鲁有阳虎,楚有阳匄,穆王曾孙。

原辅辐。辐,方六反。

周文王之子封为原伯,其地今在河内。[补曰]今孟州济源县。于后为晋所灭,迁之于冀,因称原氏,而晋更以原封其大夫先轸,之忍反。故号原轸,轸之苗裔亦姓原焉。又,周之采地亦名为原,原庄公、襄公皆食之也,其后亦命族。孔子之门有原宪、原壤。[补曰]又有原亢。陈有原仲,郑有原繁,赵有原过,汉有原涉。辅辐,言若辐之辅车也。[补曰]《诗》:“无弃尔辅,员于尔辐。”《集传》云:“辅如今人缚杖于辐,以防辅车也。”《说文》:“辐,轮轑也。”“轑,卢皓反。”“有辐曰轮,无辐曰辁。”《史记》:“三十辐共一毂,运行无穷。辅拂股肱之臣配焉。”

宣弃奴。

周宣王中兴,国人美其德,故支庶以为氏焉。[补曰]《风俗通》:“宋宣公之后,以谥为氏。”汉有宣虎、宣义、宣秉。弃奴,亦爱而讳之也。[补曰]后稷名弃,《功臣表》有王弃之,《百官表》:“宗正刘弃。”

殷满息。

微子,本殷之族,虽封于宋,支庶或称殷氏。

[补曰]《风俗通》曰:“于号,唐、虞、夏、殷是也。”《广韵》:“武王克纣,子孙分散,以殷为氏。”《吕氏春秋》:“殷整甲徙宅西河。”《战国策》卫有殷顺且。又殷水在颍川,居之者亦以为姓。秦有殷通,汉有殷仲。[补曰]又,殷嘉、殷崇、殷谟、殷用。满息,言充满而蓄息也。蓄,扶元反。

充申屠。

充氏,古仙人充尚之后也。[补曰]充尚见《史记·封禅书》。《姓氏辨证》云:“出自《周官》充人之后。”孟子时有充虞。申屠,楚之官号,若言司徒也。又谓之信都。古者申与信同,屠、都声相近也。[补曰]《汉·功臣表》:“张良以韩申都下韩。”注:“韩申都即韩王信也。”《楚汉春秋》作信都。古信、申同义,《史记》云“韩申徒”。申徒狄,殷高士也。申徒嘉,兀者也,见《庄子》。汉有申屠嘉,本此官之后也,遂因为姓。韩信名信都,亦有义。[补曰]《王子侯表》有营平侯信都,《左传》晋僖侯名司徒,宋武公名司空,亦此类。今犹有申屠姓,亦有信都。[补曰]《酷吏传》:“申屠公。”《风俗通》:“即申屠也。”后魏有信都芳。

夏修侠。音协。

夏桀为汤所灭,其族遂称夏氏。又,陈宣公之孙、御叔之子号夏徵舒,夏齧、夏区乌侯反。夫皆其后也,亦为夏氏。[补曰]《姓氏辨证》:“夏非夏王之后,非国氏。陈宣公庶子西字子夏,别其族为少西氏。生御叔,御叔娶郑灵公子貉之妹,生徵舒,始以王父字为夏氏。”夏育,卫人。汉有夏宽。修侠,言其修行游侠之事也。[补曰]侠,任侠。《说文》:“侠,聘也。”汉耿况字侠游。一云:修侠,美称也。《儒林传》“陈侠”,王后姊“君侠”。武帝作赋曰:“美连娟以修嫮。”“佳侠函光。”修,长也。侠犹丽也。

公孙都。

黄帝姓公孙氏,支庶遂以为姓也。又,公子之子皆号公孙,鲁公孙敖、郑公孙阏、乌葛反。齐公孙虿、丑芥反。晋公孙龙、卫公孙朝,凡此等类,其后皆为姓矣。略举大纲,不可具记。[补曰]赵有公孙龙,魏有公孙衍,孟子弟子公孙丑。汉有公孙贺。[补曰]又,公孙戎、公孙弘、公孙敖、公孙禄。都,美称也。《诗》曰:“洵美且都。”洵音荀。又曰:“不见子都。”[补曰]汉有郅都;唐都,赵广汉、鲍宣、胡毋生,字子都;满昌,君都;郑敬,次都。

慈仁他。他，一作化，一作地。

慈氏，本高阳氏才子之后也。美其宣慈惠和，因以为姓。［补曰］高阳，当作高辛。慈氏见《姓苑》。仁他者，所爱及远也。［补曰］晋罗友字它仁。《儒行》曰："敬慎者，仁之地也。"

郭破胡。

虢叔，周王季之子也，受封于虢。其地今陕州陕县是也。后为晋所灭，虢公丑奔周，遂姓郭氏。郭者，虢声之转也。又，齐地有郭氏之墟，盖古国，国灭之后亦为郭姓。齐有郭荣，此其族也。［补曰］《春秋》"郭公"，晋有郭偃，鲁有郭重，齐有郭最，燕有郭隗，汉有郭亭、郭钦、郭鲜、郭忠、郭蒙。破胡，言能克匈奴。［补曰］《列女传》"齐威王佞臣周破胡"，《汉·王子侯表》"高邱侯破胡"，《功臣表》"任破胡"，《昭帝纪》"吕破胡"，又有赵破奴。

虞尊偃。尊，一作荀。

帝舜之后，或为虞姓。又周太伯之弟仲雍，号曰虞仲，嗣太伯之后。武王克商，封虞仲之庶孙为之后，其地今在河东，谓之虞公。为晋所灭，其后亦为虞氏。［补曰］舜后有虞阏父，为周陶正,战国有虞卿,汉有虞舍、虞约。尊偃,偃仰自尊高也。[补曰]魏高柔上疏曰:“偃息养高。”御书作“荀偃”。偃,晋大夫,字伯游。《说文》:“于文,旗之游。古人名偃字子游。”汉世名有周舍、触龙、庄忌、熊渠、比干、专诸、孟尝、不韦、相如,字有周公、召公、颜回、仲弓、南容、子产、子路、孙卿、宜僚,邵平,皆慕其人也。此盖避宣帝讳,改荀为孙,又讹为尊。汉有主父偃、汲偃、徐偃。

宪义渠。

宪氏之先,本为周之布宪,司寇之属官也,其后以为姓焉。义渠,国名也,后为县,在北地,以县为名也。[补曰]义渠,西戎之别也。《百官表》:“高帝五年,廷尉义渠。”《韩非子》:“阳成义渠,骑将也。”《后汉》袁绍将“蒋义渠”。

蔡游威。

周蔡叔者,文王之子,为周公所诛,而封其子仲于蔡,是为蔡侯,其后为楚所灭,遂称蔡氏。[补曰]蔡,今蔡州。上蔡,叔度所都,子胡徙居新蔡。晋有蔡墨,楚蔡鸠居,秦蔡泽,燕人,楚有蔡赐,汉有蔡寅、蔡兼、蔡义、蔡癸、蔡千秋。游威,威之远扬也。

左地余。

左丘明，本鲁之左史，继守其职，遂为姓焉。又楚左史倚相，倚，於绮反。末裔亦为左氏。[补曰]《广韵》：“齐之公族有左右公子，后因氏焉。”《史记》：“纣有谀臣，名为左强。”周有左儒，汉有左咸、左吴。叶氏曰：“古有左氏、左丘氏。太史公称‘左丘失明，厥有《国语》’。《春秋传》左氏而《国语》左丘氏。”朱子曰：“左氏，左史倚相之后。”地余，言土地有余，封邑广大也。汉有欧阳地余。欧，焉矦反。[补曰]广川王去有幸姬王地余。

谭平定。谭，徒南反。

谭，小国也。[补曰]在济南平陵县西南。为齐所灭，谭子奔莒，因姓谭焉。[补曰]周襄王时大夫谭伯。《广韵》：“汉有谭闳、谭贤。”平定，谓无忧虞也。

孟伯徐。

鲁桓公子庆父读曰甫。之后，号孟孙氏，其后称孟氏焉。[补曰]有孟公绰、孟之反。《广韵》仲孙为三桓之孟。孟子，孟孙之后。又卫侯之兄孟絷，其后亦曰孟氏。[补曰]晋有孟丙，勇士孟贲，秦有孟说，无终有孟乐，汉有孟舒、孟喜。伯，长也。长，竹丈反。徐者，舒缓之称也。［补曰］后汉抗徐字伯徐。

葛轗轲。轗，苦感反。轲，枯我反，又音珂。

夏时诸侯有葛伯者，为汤所征，遂失其国，因称葛氏。［补曰］陈留宁陵县，葛伯国。又春秋时亦有葛，嬴姓之国也，其后亦为葛氏。［补曰］《陈胜传》有葛婴。《广韵》："后汉有葛兴。"轗轲，言坎壈不平也。壈，虑感反。坎，口感反。盖欲效孟子名轲字子居耳。居，一作车。［补曰］《广韵》："轗轲，不遇也。孟子居贫轗轲，故名轲，字子居。"轲，口个反。《文选》注："《傅子》曰孟子舆。"《史记·孟子传》索隐曰："轲，苦何反，又苦贺反。"

敦倚苏。敦，都昆反。

郭氏，秦文公时史敦之后也。［补曰］《史记·封禅书》："文公问史敦，于是作鄜畤。"《陈留风俗传》："敦氏，姞姓之后。"《吕氏春秋》："陈有恶人，曰敦洽仇麋。"《广韵》："卫之丑人也。"倚苏，言为萌庶所倚赖，喜于来苏也。［补曰］苏，息也，字亦作稣。倚一作锜，鱼绮反。一云：锜、苏，二氏也。周分康叔卫民七族，有锜氏。韩有锜宣。《艺文志》有洛阳锜华,后汉有锜嵩。苏,国名,己姓,昆吾之后。苏忿生为周司寇,后以为氏。苏秦,东周人。汉有苏建。

耿潘扈。耿,古幸反。

耿,地名也,在河北,祖乙所都,旧居之者以为姓也。又有耿国在平阳皮氏,晋献公灭之,其后亦称耿氏。汉有耿寿昌。[补曰]耿国,姬姓,今河中府龙门县。《广韵》:“晋大夫赵夙灭耿,因封焉,遂以国为氏。”汉耿育、耿丰,后汉耿弇,其先自巨鹿徙茂陵。潘,水名也,在荥阳。扈,广大也。言生此水土而广大也。[补曰]《古今人表》:“周共王伊扈。”一云:潘、扈二氏也。潘,周毕公之子季孙食采于潘,因氏焉。晋有潘父,楚有潘崇、潘子臣,燕有潘寿。扈,有扈氏之后。赵有扈辄,汉有扈云。

焦灭胡。

武王克殷,封神农之后于焦,末叶因为焦氏。又有姬姓小国亦谓之焦,为晋所灭,后称焦氏。[补曰]焦国在陕县。汉有焦延寿。灭胡,犹言破胡也。[补曰]汉有左冯翊贾胜胡、水衡都尉吕辟胡。后汉千乘王宠,一名伏胡。

晏奇能。

齐有晏弱，本齐之公族也，号晏桓子。桓子生婴，曰晏平仲，其后遂为晏氏。又有晏圉、晏父戎、父读曰甫。晏氂，方之反。皆其族也。[补曰]汉有晏称。奇能，谓有异材也。[补曰]能，才也。能，兽名，熊属，多力，故有绝人之才者谓之能。汉成帝宫人曹伟能。

邢丽奢。

奢，叶音都。《荀子·佹诗》："闾娵，子奢。"注云："奢当为都。"汉晁错对策，奢叶都。

邢本姬姓之国，周公之胤也，为卫所灭，因称邢氏。[补曰]邢国在邢州，晋有邢蒯、邢带，汉有邢穆。丽奢，言美而不陋也。[补曰]《尔雅》："奢，胜也。"有伍奢、石奢、赵奢。

邵守实。

邵，《诗》《书》《左传》《汉书》作召。

邵穆公，周卿士也。继守其职，邵伯廖、邵武公，皆其后也。[补曰]召，采地，扶风雍县东南有召亭。次子留周室，世为召公。召穆公虎，康公奭之后。因为邵氏焉。秦有邵平，汉有邵信臣。[补曰]《功臣表》有召欧，《左传》齐召忽、卫召获、六国召滑。守实，谓笃于言行，不虚诡也。诡，一作诞。

宰安期。期,叶于韵。《楚辞·九章》之叶厨。

宰氏,周大夫宰孔之后也。[补曰]宰孔,宰周公阅,孔子弟子宰予。《吕氏春秋》鲁有宰让,《淮南子》鲁宰折睢,《汉·农家》有《宰氏》十七篇,《后汉》宰晁。安期,取古人安期生之名也。[补曰]《列仙传》:"安期生,琅玡人。卖药东海边,时人皆言千岁。"期,一作其。《汉·蒯通传》:"善齐人安其生。"二字通。晋王承、徐宁字安期。

侠却敌。

侠氏,韩相侠累之后也。[补曰]侠累,《战国策》名隗。侠,古挟反。累,力追反。却敌,谓能折冲御寇也。[补曰]若陈公子御寇、齐夏御寇、晋铎遏寇、列御寇、楚斗御强。

代焉于。焉,於虔反,何也。

代,国名也,在常山之北。代王为赵襄子所灭,其遗族遂称代氏焉。[补曰]代国在蔚州。《广韵》:"赵有代举。"焉,安也。于,曲也。焉于,言无所屈挠也。挠,女孝反。[补曰]晋有董安于,亦曰阏于,齐公子鉏在鲁南郭,曰南郭且于。且,子余反。汉有王然于,《史记》:景帝子临江王阏于。

司马褒。褒，一作应。

程伯休父，周宣王时有平徐方之功，锡以官族，为司马氏。其后有适晋者，司马侯、司马叔游、司马弥牟、司马乌、司马寅皆是也。项羽立司马卬五郎反。为殷王，汉司马迁即其族也。［补曰］司马牛，宋向魋之弟，汉又有司马安、司马相如、司马季主。褒，大也。［补曰］汉有王褒、廉褒、柳褒。褒，进扬美也。

尚自于。

前已有“尚次倩”，今又言“尚自于”，一姓再见也。尚或作掌，盖鲁大夫党氏之后也。党亦音掌。［补曰］林闾妇，蜀郡掌氏子。《广韵》：“晋有掌同。”自于，犹言自益也。［补曰］《吕氏春秋》：“豫让，国士也，而犹以人之于己也为念。”注：“于，犹厚也。”

陶熊罴。彼宜反。

陶唐氏之后，或单称陶。又，虞阏於葛反。父为周陶正，其后亦称陶氏。成王封康叔以殷人七族，亦有陶氏焉。［补曰］《左传》“陶叔授民”，注：“司徒。”晋有陶狐，《风俗通》：“氏于事，巫、卜、陶、匠是也。”汉有陶舍、陶青。惟熊惟罴，男子之祥，故以为名。[补曰]《尔雅》：“罴如熊，黄白文。”《诗》笺：“熊罴在山，阳之祥也。”《舜典》有“朱虎”“熊罴”，注：“二臣名。”《史记》曰：“为伯益之佐。”亦以其能服是兽而得名欤。《左传》：“高辛氏有才子，伯虎、仲熊。”注：“朱虎、熊罴。”《史记·河渠书》有庄熊罴。

解音如。解音蟹。

解，地名也，在河东。因地为姓，故晋国多解氏焉。[补曰]《广韵》：“唐叔虞食邑于解，今解县。”属解州，魏有解扁。解张、解扬、解狐皆其族也。汉有解光、解延年。莫如，言无有能如之者也。汉有毛莫如。[补曰]《功臣表》有宣莫如，《王子侯表》有柴恭侯莫如，齐孝王后。毛莫如，《风俗通·姓氏篇》：“汉有屯莫如。”

乐欣谐。

乐氏亦再见也。欣谐，喜于和合也。[补曰]《尔雅》：“欣，乐也。”“谐，和也。”

童扶疏。一作疎。

颛顼许玉反。之子号老童者，其后因以为姓。[补曰]《史记》：“高阳生称，称生卷章，卷章生重黎。"《世本》云:老童生重黎及吴回,谯周曰:"老童即卷章。"《山海经》:"颛顼生老童,老童生祝融。"即重黎也。汉有童仲玉,后汉有童恢。扶疏,言众而盛多也。[补曰]《上林赋》:"垂条扶疏。"燕王旦上疏曰:"支叶扶疏,异姓不得间也。"《说文》:"扶疏,四布也。"

痛无忌。

痛氏本盛国之后,实姬姓也。周穆王嬖宠盛姬,早死,穆王哀痛不已,加礼葬之,遂改其族,谓之痛氏。[补曰]《广韵》:"姓,出《姓苑》。"无忌,言无所避忌也。古有仙人宋无忌。[补曰]齐厉公无忌,晋有韩无忌、栾弗忌,楚有费无忌。(《传》曰无极)、魏公子无忌,鲁有夏父弗忌、仲孙何忌,后汉有齐惠王无忌、伏无忌。

向夷吾。向,式亮反。音饷。

向者,国名,本姜姓也,其后以为氏。[补曰]《春秋》:"莒人入向。"龙亢县东南有向城。又宋之向氏与宋同姓,桓公生向父肸,许乙反。遂为向氏,向戌、向仪、向宁皆其后也。[补曰]《姓氏辨证》:"向,出自子姓,宋文公赤生子曰肸,字向父,其孙以王父字为氏。"又卫有向禽,秦有向寿,后汉向栩。

夷吾,欲效管仲之名也。[补曰]晋惠公夷吾。汉有楚太傅赵夷吾、纪夷吾、苏夷吾,后汉有谢夷吾。

闳并訢。闳,一作阁。闳,获耕反。并,卑盈反。訢,古欣字。

闳氏之先,本周之闳人。闳,所以止扉,今之门柣千结反。是也。职典其事,遂为姓焉。汉有闳孺。[补曰]闳人,未详。闳氏,周闳夭之后。诸本及《广韵》皆作阁。《史记·仓公传》有阁都尉。按《尔雅》"衖门谓之闳",注:"《左传》云'盟诸僖闳'。"所以止扉谓之闳。注:"门辟旁长橛也。"《左传》曰:"高其闬闳。"闳,长杙,即门橛也。《左传释文》:"《尔雅》本止扉之名,或作阁字,读者因改,《左传》皆作各音。"此篇亦后人所改。颜注引《尔雅》"闳,所以止扉",又引"汉有闳孺",当为闳无疑。《广韵》:闳,姓。汉有闳孺。并訢,言众并訢喜也。[补曰]《古今人表》赵有荀訢,汉有王訢、严訢。

竺谏朝。竺,张六反,俗作笁。朝,叶余韵。《汉书·叙传》:昭叶符,骄叶隅。

竺氏,本天竺国人也,来归于汉而称竺氏。天竺即身毒也,亦谓之捐毒。汉有竺次者,即其人焉。[补曰]《广韵》:"后汉竺晏,本姓竹,报怨有仇,以胄始名贤,不改其族,乃加'二'字,以存夷齐。""竹本姜姓,封为孤竹君,至伯夷、叔齐之后,以竹为氏。后汉有竹曾。"《后汉·窦融传》:"酒泉大守竺曾。"云谏朝者,言可备诤臣于朝廷者也。以朝韵吾者,古有此音,盖相通也。班固《幽通赋》曰:"巨滔天而泯夏,考遘愍以行谣。终保己而贻则,里上仁之所庐。"类此甚多,不可具载。遘,工豆反。《[补曰]《说文通释》:"于文,言柬为谏。柬者,分别也,能分别善恶以陈于君也。"

续增纪。

续氏,晋大夫续简伯之后也,号狐鞫居,以食续地,更为续氏。[补曰]《广韵》:"舜七友,有续牙。"《古今人表》"续身",《吕氏春秋》"尧舜得续耳",赵有续经,《汉·功臣表》有续相如。增纪,言高年也。[补曰]《尔雅》:"增,益也。"《左传》:"绛县人:曰'不知纪年。'"《汉·百官表》有赵增寿。

遗失余。遗音惟。

遗氏,本鲁季氏家臣南遗之后也。失余,言所失之余,惟此一字一作子。也。[补曰]《广韵》"遗"姓引《急就章》。一云增纪谓增益纪载,失余谓缺失其余也。

姓名讫。

所陈堪为姓名也。讫者,其事略究也。[补曰]《尔雅》:“讫,止也。”

请言物。

次说杂物,并一作陈。众品也。[补曰]《释名》曰:“书,庶也,纪庶物也。”

锦绣缦紦离云爵。缦,莫半反。紦,亡到反,音耄;一作纯,顺伦反。

锦,织彩为文也。[补曰]《说文》:“锦,襄邑织文也。”《左传》:“重锦三十两。”《释名》:“锦,金也。作之用功重,其价如金。”《魏都赋》:“锦绣襄邑。”绣,刺彩为文也。[补曰]《左传》注:“五色备谓之绣。”《苏秦传》:“锦绣千纯。”《说文》:“绣,五采备也。”缦,无文之帛也。[补曰]《说文》:“缦,缯无文也。《汉律》曰:‘赐衣者,缦表白里。’”《太玄》:“袷襀何缦,文在内也。”紦,谓刺也。[补曰]《广韵》:“紦,刺也,绢帛紦起如刺也。”刺,七亦反,又七赐反。一作纯。纯,丝也。《论语》:“今也纯。”离云,言为云气离合之状也。爵,孔爵也。[补曰]《周书》:“方人献孔鸟。”《春秋元命苞》:“火离为孔雀。”汉南粤献孔雀二双。言织刺此象,以成锦绣缯帛之文也。自“离云爵”以下至“凫翁濯”，其义皆同。今时锦绣绫罗及氍毹毾㲪之属，氍，巨于反。毹，羊朱反。［补曰］《声类》曰：“氍毹，毛席也。”《风俗通》云：“织毛褥谓之氍毹。”氍，一作氀。毾，吐腊反。㲪音登。《埤苍》曰：“毛席也。”《释名》曰：“施之承大床前小榻上，登以上床也。”《广韵》：“毾音榻。”《说文》：“皆毡毯之属。”摹写诸物，无不毕备，其来久矣。一曰：离谓长离也，云谓云气也。长离，灵鸟名也。［补曰］《思玄赋》注：“朱鸟。”《郊祀歌》：“长丽。”“旧说曰：鸾也。丽音离。”作长离、云气、孔爵之状也。

乘风县钟华洞乐。县音玄，一作悬。洞，一作㶇，音渎。乐，叶音洛。

乘风，一名爰居，一名杂县，盖海鸟也，言为乘风之状。作簨虡以悬钟，又为华藻一作蕊之形，兼列众乐之器，以成文章也。洞犹通也，言遍载其文彩也。簨，息允反。虡音巨。［补曰］潘岳《西征赋》：“洪钟顿于毁庙，乘风废而弗县。”注引《急就章》。《国语》：“海鸟曰爰居，止于鲁东门之外。是岁，海多大风。”注云：“爰居之所避也。”《吴都赋》：“爰居避风。”注：“似凤。”《考工记·梓人》：“羽者为笋虡。”“乐器所县，横曰笋，植曰虡。”华如金支秀华。洞如朱弦洞越、洞箫，皆众乐之象。

豹首落莫兔双鹤。

豹首，若今兽头锦。［补曰］兽，虎也。《洞冥记》有走龙锦、翻鸿锦。落莫，谓文彩相连，又为兔及双鹤之形也。［补曰］《晋·卢志》："赐鹤绫袍。"《唐·李德裕传》："诏索缭绫。""立鹅天马，盘条掬豹，文彩怪丽。"兔，口有缺，鹤似鹄，长喙。鸟二枚曰双。［补曰］《说文》："隹，鸟之短尾。""鸟一枚曰只，从又持隹。持一隹曰只，二隹曰双。"

春草鸡翘凫翁濯。翘，渠遥反，鸟尾。濯叶鹤，《孟子》引《诗》："麀鹿濯濯，白鸟鹤鹤。"

春草，象其初生纤丽之状也。鸡翘，鸡尾之曲垂也。［补曰］《汉·舆服志》："鸾旗者，编羽旄，列系幢旁，民或谓之鸡翘，非也。"《说文》："翘，尾长毛也。"凫者，水中之鸟，今所谓水鸭者也。翁，颈上毛也。［补曰］《汉·郊祀歌》："赤雁集，六纷员。殊翁杂，五采文。"注："翁，雁颈也。"《广韵》："翁，鸟颈毛。"既为春草鸡翘之状，又象凫在水中引濯其翁也。一曰：春草、鸡翘、凫翁，皆谓染彩而色似之，若今染家言鸭头绿、翠毛碧云。

郁金半见缃白勬。郁，於物反。勬，或作爚，弋若反，《说文》："以灼反。"

自此已下，皆言染缯之色也。郁金，染黄也。缃，浅黄也。半见，言在黄白之间，其色半出，不全成也。［补曰］《周礼·郁人》注："郁金，香草，宜以和鬯。"《本草》："十二叶，为百草之英。"《说文》："远方郁人所贡芳草。"白䊮，谓白素之精者，其光䊮䊮然也。黄氏曰："䊮音龠，白缟也。"［补曰］《禹贡》："厥篚玄纤缟。"《说文》："白䊮，缟也。"

缥綟绿纨皂紫硟。缥，敷沼反。綟音戾。纨音丸。硟音鲜。

缥，青白色也。［补曰］《广韵》："青黄色。"《说文》："青白色。"綟，苍艾色也。东海有草，其名曰莀，以染此色，因名綟云。［补曰］《尔雅》："藐，茈草。"注："可以染紫，一名莀。"《说文》："莀，可染留黄。"《通释》："紫赤黄之间。古诗'流黄素。'"《百官表》注："'盭，绿也。''草名，出琅玡平昌县，似艾，可染绿，因以为绶名。'"《广韵》："或作綟。"莀音戾，紫草。绿，青黄色也。纨。即素之轻细者。皂，黑色。［补曰］《尔雅》："黑谓之黝。"《说文》："草斗。"徐铉云："今俗以此为草木之草，别作皂字，为黑色之皂。今俗书皂或从白从十，或从白从七，皆无意义。"紫，青赤也。［补曰］紫，间色，孔子曰："恶紫，恐其乱朱也。”《玉藻》云：“玄冠紫緌，自鲁桓公始。”《管子》云：“齐桓公好服紫衣，齐人尚之，五素易一紫。”苏代曰：“齐紫败素也，而贾十倍。”碾，以石辗缯，色尤光泽也。辗，女展反。黄氏曰：“扞缯石也。”[补曰]《说文》：“碾，石扞缯也。”《广韵》：“展缯石。”

烝栗绢绀缙红繎。绢，吉椽反。绀，古暗反。缙，子烬反。繎，而延反，音然。

烝栗，黄色，若烝孰之栗也。[补曰]《文选》注：“王逸《正部论》：‘或问玉符，曰：黄如蒸栗。’”绢，生白缯，似缣而疏者也。[补曰]《周礼·内司服》注：“素沙者，今之白缚也。”缚音绢，《声类》以为今作绢字。《说文》：“绢，缯如麦稍。”《广韵》：“缣也。”一名鲜支。[补曰]《广雅》：“鲜支，绢也。”《子虚赋》注：“缟，鲜支也，今所谓素。”绀，青而赤色也。[补曰]《说文》：“绀，帛深青扬赤色。”《论语》：“君子不以绀緅饰。”缙，浅赤色也。[补曰]《说文》：“缙，帛赤色也。礼有缙缘。”红，色赤而白也。[补曰]红，间色。《尔雅》：“一染谓之縓。”“今之红也。”繎者，红色之尤深，言若火之然也。黄氏曰：“丝劳貌。”[补曰]《说文》：“丝劳也。”

青绮绫縠靡润鲜。绫，一作罗。绮，去倚反。绫音淩。縠，胡谷反。

青，青色也。绮即今之缯。［补曰］《尔雅》："青谓之葱。"《禹贡》："织文，锦绮之属。"《说文》："绮，文缯也。"《汉·叙传》："绮襦。"注："绮，今细绫也。"《魏都赋》："罗绮朝歌。"绫，今之杂小绫也。［补曰］《方言》："东齐言布帛之细者曰绫。"《广韵》："绫，纨。""罗，绮也。"《子虚赋》："杂纤罗。"縠，今梁州白縠。［补曰］绉曰縠，纺丝而织之。《杨子》："雾縠之组丽。"《郊祀歌》注："言轻细若云雾。"《释名》云："縠，绮也。"靡润，轻渜也。渜，人兖反。［补曰］《方言》："秦晋曰靡。""靡，细好也。"鲜，发明也，言此缯既有文彩而又鲜润也。［补曰］润，谓筒中细布也。司马相如《凡将篇》曰："黄润纤美宜制禅。"扬雄《蜀都赋》曰："筒中黄润，一端数金。"

绨络缣练素帛蝉。绨音啼，徒奚反。

绨，厚缯之滑泽者也，重三斤五两，今谓之平细。［补曰］《范雎传》"绨袍"，注："盖今之絁也。"《说文》："细，大丝缯也。""绨，厚缯也。"文帝身衣弋绨。络，即今之生纚始移反，又式支反，音施。也。一曰今之绵细是也。［补曰］《说文》："纚，粗绪也。""今俗作絁，非是。"《广韵》："纚，缯似布。"缣之言兼也，并丝而织，甚致密也。致，驰二反，又丈致反。[补曰]《说文》:"缣,并丝缯也。"《盐铁论》:"齐陶之缣。"《魏都赋》:"缣緫清河。"《外戚传》:"作缣单衣。"注:"即今之绢。"练者,煮缣而熟之也。[补曰]《说文》:"练,缯练也。"明德马后"常衣大练",注:"大帛也。"《考工记·㡛氏》:"湅丝""练帛"。《汉·舆服志》:"重缯厚练,浣已复御。"《广韵》:"白练。"素,谓绢之精白者,即所用写书之素也。[补曰]《小尔雅》:"缯之精者曰缟,缟之粗者曰素。"《说文》:"素,白致缯也。"刘向典校书籍,先书竹,可缮写者以上素。古诗:"中有尺素书。"帛,总言诸缯也。[补曰]《周礼》注:"帛,如今壁色缯也。"蝉,谓缯之轻薄者若蝉翼也。一曰:缣已练者,呼为素白,若今言白练者也。[补曰]张说云:"轻缣素练。"

绛缇絓䌷丝絮绵。缇,音题,又音体。絓,胡卦反。䌷音俦。

绛,赤色也,古谓之纁。音勋,许云反。[补曰]束帛,玄三纁二,玄三法天,纁二法地。《考工记》:"三人为纁。"《尔雅》:"三染谓之纁。"《说文》:"绛,大赤。""纁,浅绛。"缇,黄赤色也。黄氏曰:"缇,纁也,古兵服之遗色。"[补曰]《周礼》注:"今亭长著绛衣。""今时伍伯缇衣。"《说文》:"缇,帛丹黄色。"抽引粗茧绪纺而织之曰䌷。䌷之尤粗者曰絓,茧滓所抽也。滓，则仕反。黄氏曰："絓音画，丝结也。"[补曰]《说文》："絓，茧滓絓头也。"抽引精茧出绪者曰丝。[补曰]《说文》："绪，丝耑也。"渍茧擘之，精者为绵，粗者为絮。今则谓新者为绵，故者为絮。古亦谓绵为纩。纩，字或作絖。并音旷。渍，材赐反。擘，布麦反。[补曰]《礼记》注："纩，今之新绵也。缊，今纩及旧絮也。"《禹贡》"纤纩"，细绵也。《说文》："絮，敝绵也。""纩，絮也。《春秋传》曰：皆如挟纩。"《庄子》："洴澼絖。"《小尔雅》："絮细者谓之絖。"《魏都赋》："绵纩房子。"

帗敝囊橐不直钱。帗，皮鄙反，又并止反，音圮。敝，一作弊。橐，他洛反。

帗者，幓残之帛也。幓音雪。黄氏曰："帗，幓裂也。"[补曰]《说文》："帗，残帛也。先列反，又所例反。"敝，败衣也。[补曰]《论语》："衣敝缊袍。"敝，坏也。一作币，币帛。有底曰囊，无底曰橐，言帗帛及敝败囊橐，无所堪任，卖之不售也。售，上救反。[补曰]《诗》："于橐于囊。"注："小曰橐，大曰囊。"正义："《左传》：'箪食置诸橐。'是其小也。《公羊传》：'公子阳生盛之巨囊。'是其大也。"汉灌夫曰："平生毁程不识，不直一钱。"

服琐緰帴与缯连。緰，大侯反。帴，子移反。缯，疾陵反。

服琐，细布织为连琐之文也。[补曰]《说文》："琐，玉声。"左思诗："娇语若连琐。"緰帴，緆布之尤精者也。緆，先狄反。黄氏曰："緰音投，布名。帴音赀，布名。"[补曰]《说文》："緰赀，布也。""緆，细布也。"《郊祀歌》："曳阿锡。"注："阿，细缯。锡，细布也。"《淮南子》："弱緆罗纨。"《唐·地理志》：泗州、楚滁、黄莱、密州贡赀布，夔州贡锡布。言此二种。虽曰布类，其质精好，与缯相连次也。缯者，帛之总名，谓以丝织者也。[补曰]《说文》："缯，帛也。"

贳贷卖买贩肆便。贳音世，式制反，又伤夜反。贷，他代反。贩，方万反。便，平声，房连反。

贳，赊也。赊音奢。[补曰]《说文》："贳，贷也。"《高帝纪》"贳酒"，注："赊也。"贳，御书作貣，吐得反。《陈汤传》："匄貣无节。"貣，从人求物也。《货殖传》："貣子，钱家。"《广韵》："音特，又音忒。"贷，假与也。[补曰]孟尝君贷钱于薛。《说文》："贷，施也。"《春秋传》："陈氏厚施焉。"《汉·食货志》："《周礼》有赊贷。"出曰卖，入曰买。一云：出去曰卖，取入曰买。[补曰]卖，衒也。贱买而贵卖之曰贩，肆谓坐市行列也。行，户郎反。[补曰]《荀子》曰："贾分货而贩。”晁错曰：“商贾小者坐列贩卖。”注：“行卖曰商，坐贩曰贾。列者，若今市中卖物行也。”言贩卖及买，皆因市肆以获便宜也。[补曰]《古史考》：“神农作市。”《世本》：“祝融作市。”

资货市赢匹幅全。幅，方六反。

市，亦买也，言以资财贿货，市取赢余之物。[补曰]《汉志》：“货谓布帛、金刀、龟贝。神农日中为市，致天下之民，聚天下之货。”《说文通释》：“资，人所赍持也。”“可以交易曰货。货，化也。”“赢，有余贾利也。”《左传》：“贾而欲赢，而恶嚣乎。”多积布帛，匹幅皆全，无亏损也。四丈曰匹，两边具曰幅。[补曰]《礼记》：“束五两。”注：“今谓之匹，犹匹偶之云。”《左传》：“币锦二两。”注：“二丈为一端，二端为一两，所谓匹也。”《周礼》注：“五两，十端也。每端二丈。”“纯谓幅广，制谓匹长。”《王制》：“幅广狭，不中量，不粥于市。”《仪礼》注：“今官布幅广二尺二寸。”疏云：“缯幅二尺四寸。”幅，广也。《食货志》云：“布帛广二尺二寸为幅，长四丈为匹。”《左传》：“如布帛之有幅。”《方言》：“度广为寻，幅广为充。”

绤纻枲缊裹约缠。绤，一作綌，去逆反，一作绨，敕之反。纻音伫。枲，丝里反。缊，纡粉反。裹音果。

绤，谓葛之粗者。[补曰]《诗·葛覃》："为絺为绤。"葛，草名，治之为布。《说文》："絺，细葛也。""绤，粗葛也。"《禹贡》卉服，注："草服葛越。"纻，织纻为布及疏之属也。疏亦作练。[补曰]《周礼》注："白而细疏曰纻。"《禹贡》："豫州贡纻。"《高帝纪》："贾人毋得衣绵绣绮縠絺纻罽。"《说文》："纻，檾属。（檾，去颖反。）细者为絟，粗者为纻。"汉繇王闽侯遗江都王"荃、葛"，注："荃，细布。本作絟。"《诗》："可以沤纻。"《左传》："子产献纻衣。"《晋·乐志·白纻舞》："纻，本吴地所出。"枲，粗麻也。[补曰]《内则》："女子执麻枲。"《说文》："枲麻有子。《周官》有典枲。《淮南子》：位贱尚菓。"缊。[补曰]《说文》："枲，著也。"《论语》："衣敝缊袍。"著，竹吕反。《通释》曰："丝曰絮，枲曰缊。"《列子》："田夫衣缊黂。"约，犹束缚也。[补曰]《说文》："裹，缠也。""约，缠束也。""缠，绕也。"《广韵》："裹，苞裹。"言贫乏之人，无好绵帛，但以此物自苞裹缠束，为衣被也。

纶组縌绶以高迁。纶，古顽反，又音伦。组音祖。縌音逆，宜戟反。绶音受。

纶，糾。一无糾字。青丝绶也。[补曰]《尔雅》注："纶，今有秩啬夫所带糾青丝纶。"张华云："纶，如宛转绳。"《礼记》注:"纶,今有秩啬夫所佩也。"《仲长统传》:"身无半通青纶之命。"《续汉·舆服志》:"百石青绀,纶一采宛转缪织,长丈二尺。"《杨子》云"五两之纶。"组亦绶类也,其小者以为冠《说文》作冕。缨。[补曰]《周礼·典丝》:"受文织丝组。"《禹贡》:"荆州厥篚组。"《战国策》:"卫君束组三百绲。"汉淮南王安书:"方寸之印,丈二之组。"注:"组者,印之绶。"景帝诏"纂组",注:"纂,赤组也。组者,今绶纷绦是也。縌者,绶之系也,言其迎逆绶也。黄氏曰:"縌,古佩璲也。"[补曰]《说文》:"縌,绶维也。"《续汉志》:"自青绶以上,縌皆长三尺二寸,与绶同采而首半之。縌者,古佩璲也。佩绶相迎受,故曰縌。""自黑绶以上,縌绶皆长三尺。"《翟义传》:"赤韨縌。"注:"谓逆受之也。一作綎,它丁反,系绶。"绶者,受也,所以承受环印也,亦谓之繸。[补曰]《礼记》注:"绶者,所以贯佩玉,相承受也。"《尔雅》:"繸,绶也。"《说文》:"绶,韨维也。"《舆服志》:"五霸迭兴,解去韨佩,留其系璲,以为章表,故《诗》曰'鞙鞙佩璲'。韨佩既废,秦乃以采组连结于璲,光明章表,转相结受,故谓之绶。汉承秦制,用而弗改,加以双印佩刀之饰,明帝为大佩、冲牙。"自诸侯王盭绶而下,有紫绶、青绶、墨绶、黄绶,以别秩命之高卑,纡青拖紫,谓公卿之绶也。朱浮言:"绶工李涉等六家所织绶,不能具丙丁文能如组状,募能为丙丁文,谨图画一绶丙丁制度。”应劭《汉官仪》曰：“绶长一丈二尺，法十二月。广三尺，法天地人。”秩命不同，则彩质各异，故云以高迁。[补曰]《广韵》：“迁，去下之高也。”《诗》云：“迁于乔木。”

量丈尺寸斤两铨。

铨，称也，言量布帛者则计其丈尺及寸，称丝绵者则数其斤两。[补曰]《说文》：“铨，衡也。”“称，铨也。”十分为寸，十寸为尺，十尺为丈，十丈为引。二十四铢为两，十六两为斤。《说文》：“周制，寸、尺、咫、寻、常、仞诸度量，皆以人之体为法。”

取受付予相因缘。予音与。取，一作所。

言以相付及受取领纳，皆缘丈、尺、斤、两以定其数，故得分明无亏失也。予，相授予也。[补曰]付，与也。

稻黍秫稷粟麻粳。秫音述。粳，一作稉，粳，古行反，叶古郎反。《诗·大东》庚叶箱。

稻者，有芒之谷总名也，亦呼为稌。音杜，他户反。[补曰]《诗集传》：“稻即今南方所食稻米，水生而色白。”《说文》：“沛国谓稻为稬。”徐锴曰：“稬，懦也。许慎谓稷为秫，稻为稬，今则同之。”《尔雅》“稌，稻”，注：“今沛国呼稌。”《诗》：“十月获稻。”以酿酒。《月令》：“秫稻必齐。”则稻是穤。《论语》：“食夫稻。”则稻是粳。《周官》有“稻人”，汉亦置稻田使者。黍，似穄而黏，可以为酒者也。穄音祭。［补曰］黍，苗似芦，高丈余，穗黑色，实圆重。《说文》：“黍，禾属而黏也。以大暑而种，故谓黍。孔子曰：‘黍可以为酒，禾入水也。’”《月令》：“仲夏，登黍。”蔡邕以为今蝉鸣黍。秫，似粟而黏，亦可为酒。［补曰］《说文》：“秫，稷之黏者。”《氾胜之》云：“三月种粳稻，四月种秫稻。”《字林》云：“穤，黏稻也。”稷、粟一种，但二名耳，亦谓之粢。音咨。［补曰］稷，五谷之长也。徐锴曰：“稷即穄，一名粢梁，即粟之粗者。”《尔雅》：“粢，稷。”注：“今江东人呼粟为粢。”稷又名为穄，似黍而小。《吕氏春秋》：“饭之美者”有“阳山之穄”。《说文》：“穈，穄也。”《广雅》：“糳，穄也。”音牵。《穆天子传》：“赤乌之人，献穄百载。”粱，今粟类，古不以粟为谷名，但米之有孚壳者皆称粟。今人以谷之细而圆者为粟。《内则》：“饭：黄粱。”粱，食之美者，故称膏粱。黄粱出蜀汉，两浙间亦种之，号竹根黄。麻谓大麻及胡麻也。［补曰］麻有苴、枲二种。苴麻，有蕡者。蕡，实也。《尔雅》：“黂，枲实。”《说文》：“芓，麻母也。”《月令》：“仲秋，以犬尝麻。”《豳风》：“九月叔苴。”胡麻亦有实，本生大宛。或曰：茎圆名胡麻，茎方名巨胜。陶隐居言：八谷，胡麻最为良，以其胡物而细。”故别谓中国之麻为大麻。苴，七余反。粳谓稻之不黏者，以别于稬也。稬，乃货反。［补曰］《说文》：“粳，稻属。或作稉。”《周礼》注：“稌，稉也。”“牛宜稌。”则稌是稉。“丰年多黍多稌。”“为酒为醴。”则稌是稬。粳，字或作稉。

饼饵麦饭甘豆羹。羹，叶音郎，卢当反，一云力当反，见《鲁颂》。《楚辞》叶房、浆。

溲面而蒸熟之，则为饼。饼之言并也，相合并也。［补曰］《说文》：“饼，面餈也。”麦末谓之面。《周礼》注：“餈，谓干饵饼之也。”合蒸曰饵，饼之曰餈，熬麦曰𪎊。崔寔《四民月令》：“立秋无食煮饼及水溲饼。”《方言》：“饼谓之饦，或谓之餦馄。”音长浑。束皙有《饼赋》。溲，山九反。溲米而蒸之，则为饵。饵之言而也，相黏而也。饵，而志反。［补曰］《楚辞》注：“饵，捣黍为之。”《方言》：“饵谓之糕，或谓之粢，或谓之餚。”《周礼》：“羞笾之实，糗饵。”注：“捣粉熬大豆为饵。”麦饭，磨麦合皮而炊之也。［补曰］《说文》：“麦，芒谷也。”“䴬，礦麦也。”“陈楚之间相谒食麦饭曰餥。（非尾反。）”“楚人曰飵。（在各反。）”“秦人曰䭃䭆。乌困，五困反。”甘豆羹，以洮米泔和小豆而煮之也。一曰：以小豆为羹，不以醯酢，其味纯甘，故曰甘豆羹也。洮音桃。泔音甘。［补曰]《广雅》:“大豆,菽也。小豆,荅也。”为羹所调啜,菽也。麦饭、豆羹,皆野人农夫之食耳。[补曰]《说文》:“鬻,五味和羹。小篆从羔、从美。”有菜曰羹,无菜曰臛。

葵韭葱䪥蓼苏姜。䪥,户界反。一作薤。

葵,卫足之菜,倾叶而蔽日者也。[补曰]《诗》:“七月亨葵。”鲁漆室女,葵为马践,知忧及国。公仪休拔葵,不欲夺园夫利。葵味甘滑。《士虞礼》:“夏秋用生葵。”韭之言久也,一种久生。[补曰]《夏小正》曰:“正月,囿有韭。”《诗》:“四之日,献羔祭韭。”谓二月。韭曰丰本。《广雅》:“韭,其华谓之菁。”葱,青白杂色之名也。[补曰]《尔雅》:“青谓之葱。”本白而末青。《曲礼》:“葱渫处末。”《内则》:“脍,春用葱,秋用芥。豚,春用韭,秋用蓼。脂用葱,膏用䪥。”䪥,一名鸿荟。音会。[补曰]薤,荤菜,叶似韭而无实。《少仪》:“为君子择葱薤,则绝其本末。”《汉》:龚遂守渤海,“令民口种百本䪥,五十本葱,一畦韭”。薤曰菜芝。蓼有数种:叶长锐而薄,生于水中者,曰水蓼。叶圆而厚,生于泽中者,曰泽蓼。一名虞蓼,亦谓之蔷。而许叔重云蓼亦名“蔷虞”,非也。蔷音啬。[补曰]《淮南子》:“蓼菜成行。”《说文》:“辛菜。”《尔雅》:“蔷,虞蓼。”注曰:“泽蓼也。”蓼者，妨稼之草。《诗》曰：“以薅荼蓼。”然于调和有用。《内则》云：“鹑羹、鸡羹、駕酿之蓼。”《尹都尉书》有《种葵蓼韭葱篇》。苏，一名桂荏。［补曰］苏，叶下紫色而香，俗呼为紫苏。《南都赋》曰：“苏蔱紫姜，拂彻膻腥。”《内则》注：“香，苏荏之属也。”苏味辛而形类荏，有数种：白苏、鱼苏、水苏，一名鸡苏。《方言》：“苏亦荏也。周、郑谓之公蕡，沅、湘谓之萻。音辖，其小者谓之蘸菜。”《说文通释》：“荏，白苏也。桂荏，紫苏也。”姜，御湿菜也，辛而不荤，故齐者不撤焉。《说文》作薑。荤，虎浑反，一云许云反。［补曰］《论语》：“不撤姜食。”《孝经援神契》：“椒姜御湿。”《吕氏春秋》：“和之美者，阳朴之姜。”《礼记》燕食三十一物，终于姜桂。《上林赋》：“茈姜”，注以为“子姜”。《本草》：“姜，久服通神明。”《货殖传》：“千畦姜韭。”

芜荑盐豉醯酢酱。酱，叶音浆。酢，七故反。一作醯酱浆。

芜荑，无姑之实也。无姑，一名橭榆，生于山中，其荚圆厚。剥取树皮，合渍而干之，成其辛味也。《尔雅》曰：“无姑，其实夷。”故谓之芜荑也。橭音姑，山榆也。［补曰］《尔雅》：“无姑，其实夷。”注：“姑榆也，剥取皮合渍之，其味辛香，所谓无荑。"《说文》:"梗(根杏反),山枌榆,有朿(音刺)荚,可为芜荑。"《本草》:"榆类而差小,其实亦早成,今人多取作眉,以芼五味。"崔寔《四民月令》曰:"榆荚成者,收干以为旨畜。"盐,生于咸水者也。古者夙沙氏初煮海为盐,其后又出河东大卤、临邛火井焉,今则处处有之矣。[补曰]夙沙,《说文》作宿沙。《鲁连子》云:"宿沙瞿子善煮盐。"《周礼·盐人》:"苦盐,不湅治。"散盐,鬻水为盐。""形盐,似虎形。""饴盐,恬者,今戎盐。"《左传》:"郇瑕氏之地,沃饶而近盐。(音古。)"注:"猗氏县盐池是。"《春秋》大卤,大原也。《汉》"太原晋阳""有盐官"。《地理志》:"河东安邑","盐池在西南"。《续志》:"蜀郡,临邛""有火井,取井火,煮井水,一斛得四五斗盐"。《汉志》:"盐,食肴之将。"豉者,幽豆而为之也。[补曰]《说文》:"敊,(是义反。)配盐幽尗也。俗豉从豆。"《货殖传》:"豉,樊少翁。"《楚辞》:"大苦,豉也。"醯、酢亦一物二名也。[补曰]《内侧》:"和用醯。"注:"浆,酢截。(音载。)"《说文》:"酢,醶也。仓互反。"徐锴曰:"今人以为醋字。"《左传》:"晏子曰:'醯醢盐梅,以烹鱼肉。'"《楚辞》:"和酸若苦陈吴羹。"又曰:"吴酸蒿蒌,不沾薄。"酱,以豆合面而为之也。以肉曰醢,以骨曰臡。醢音海。臡音泥,又若犁反。酱之为言将也。食之有酱,如军之须将,取其率领进导之也。［补曰］《论语》:“不得其酱,不食。”《曲礼》:“醯酱处内。”注:“近醯酱者,食之主。”《周礼》:“酱齐眡秋时。”“酱宜凉。”《内则》“芥酱”,“醢酱”。南粤食唐蒙蜀枸酱。《弟子职》:“置酱醋食,陈膳毋悖,胾在酱前,左酒右酱。”一作浆。［补曰］《酒正》:“四饮,三曰浆。”注:“今之胾浆也。”《齐民要术》有酢浆,煮菜为菹。《说文》:“浆,酢浆也。”《广韵》:“胾,醋也。”

芸蒜荠芥茱萸香。蒜,苏判反。荠,齐礼反。

芸,即今芸蒿也,生熟皆可啖。［补曰］叶似邪蒿,香美可食。《月食》:“仲冬,芸始生。”《夏小正》云:“正月采芸。”《说文》:“似目宿。”香草。《吕氏春秋》:“菜之美者,阳华之芸。”蒜,大小蒜也,皆辛而荤。［补曰］《说文》“荤菜。”《尔雅》:“蒚,山蒜。”《本草》注:“小蒜,野生小者,一名蒚。”“大蒜为葫。”《广韵》云:“张骞使西域,得大蒜、胡荽。”以自胡中来,故名胡蒜。《字书》:“䪥,百合蒜也。”《说文》曰:“䪥,(音烦)小蒜也。”荠,甘菜也,其实名蒫。才何反,又音嵯。［补曰］《本草》:“荠,味甘,人取其叶作菹及羹,亦佳。”《诗》:“其甘如荠。”芥亦有大小二种。［补曰］《内则》:“芥酱。”“芥,辛菜。《方言》:“芜菁,赵魏之郊谓之大芥，其小者谓之辛芥，或谓幽芥。”茱萸似榝而大，食者贵其馨烈，故云茱萸香也。榝音杀。［补曰］《说文》：“《汉律》：会稽献藙一斗，煎茱萸。”《内则》曰：“三牲用藙。”《楚辞》注：“榝，茱萸也。”《尔雅》注：“榝，似茱萸而小，赤色。”“贺氏云：今蜀郡九月九日取茱萸，折其枝，连其实，广长四五寸，一升实可和十升膏，名之藙。”《西京杂记》：“汉武帝宫人九月九日佩茱萸。”《说文》：“香，芳也，从黍从甘。”《春秋传》曰：“黍稷馨香。”

老菁蘘荷冬日藏。菁音精。蘘音穰。

菁，蔓菁也。一曰冥菁，亦曰芜菁，又曰芴菁。蔓音万，又莫干反。芜音无。芴音勿。［补曰］《周礼》“菁菹”，注：“蔓菁也。”《吕氏春秋》：“菜之美者，具区之菁。”《诗》：“采葑，无以下体。”注：“葑，须也。”笺云：“蔓菁之类，上下可食。”陆玑云：“葑，芜菁也。幽州人谓之芥。”“郭璞云：‘今菘菜也。’案：江南有菘，江北有蔓菁，相似而异。”“爰采葑矣。”笺：“蔓菁。”字书作蘴，孚容反。”《方言》：“蘴、荛，芜菁也。陈楚之郊谓之蘴，鲁齐之郊谓之荛，关之东西谓之芜菁。其紫华者谓之芦菔。”注：“江东名为温菘。”《广韵》：“蘴，芜菁苗。”蘴音丰，张文潜诗：“芜菁至南皆变菘。”《尔雅翼》云：“蔓菁，春食苗，夏食心，秋冬食根。”汉永兴中，令灾伤郡国皆种蔓菁，以助民食。刘备闭户，将人种蔓菁,诸葛亮所止,令军士种之。今呼为诸葛菜。蔓菁根叶及子是菘类,与芦菔全别,或以为老菁冬藏为韭花。《说文》:"菁韭华也。"蘘荷,一名蓴苴,蓴,普各反。苴,子闾反。茎叶似姜,其根香而脆,可以为菹,又辟蛊毒。[补曰]《说文》:"一名葍蒩。"葍音福。《古今注》:"紫者曰葍蒩,白者曰蘘荷。解毒用蘘荷。"《史记》司马相如赋"猼且",注:"蘘荷也。"蓴苴根旁生笋,可以为苴。《广成颂》注:"蘘荷苗似姜,根色红紫似芙蓉,可食。"《本草》云:"叶似初生甘蔗,根似姜牙,性好阴,在木下生者尤美。中蛊者服其汁、卧其叶,即呼蛊主姓名。"《图经》引《周礼·庶氏》:"以嘉草除蛊毒。"《楚辞》:"脍苴蓴",盖切以为香也。柳子厚有《种白蘘荷诗》。言秋种蔓菁,至冬则老而成就,又收蘘荷,并蓄藏之,以御冬也。[补曰]《诗·谷风》:"我有旨蓄。"笺云:"蓄聚美菜,亦以御冬。"《南都赋》:"秋韭冬菁。"

梨柿柰桃待露霜。柿音俟,柰,奴带反。

言此四果,皆得霜露之气,乃能成熟。夏则待露,秋则待霜,故总云待露霜也。梨一名山樆。音离。秋,一作秋冬。[补曰]梨,果之适口者。《三秦记》:"御宿有大梨。"柹,赤实果也。《内则》庶羞有"柹""桃""梨"。《上林赋》:"枇杷橪柹。"《广志》曰："柰有青、赤、白三种。"《夏小正》："六月煮桃。"《诗》：园有桃，其实之肴。"

枣杏瓜棣馓饴饧。饧，叶音唐。馓，思但反。饴，以之反。饧，辞盈反，又音唐。

因说众果，遂及口实也。［补曰］枣，《尔雅》有十一名，郭氏得九焉。《诗》："八月剥枣。"《聘礼》："其实枣蒸栗择。"《考工记》"枣桌十三列。"苏秦说燕曰："北有枣栗之利。"《货殖传》："安邑千树枣。"杏，《夏小正》："四月囿有见杏"，《内则》庶羞有枣、瓜、杏。瓜，《诗》云："疆埸有瓜"，"七月食瓜"。《夏小正》："五月乃瓜。"棣，常棣也，其子熟时正赤色，可啖，俗呼为山樱桃，陇西人谓之棣子。棣，音吐计反。［补曰］《尔雅》："常棣，棣"，注："今山中有棣树，子如樱桃，可食。""唐棣，移"，注："似白杨，江东呼夫移。"常棣与唐棣异。馓之言散也，熬稻米饭使发散也，古谓之张皇，亦目其开张而大也。［补曰］《说文》："馓，熬稻粻程也。"《楚辞》有粻餭。（音张皇。）注："饧也，以蘖熬米为之，亦谓之饴，此其干者。"《广韵》："馓，馓饭。"亦作糤。《方言》："饧谓之粻餭。"注："干饴。"以蘖消米取汁而煎之，渜弱者为饴，言其形怡怡然也；厚强者为饧，饧之为言洋也，取其洋洋然也。强，其两反。洋音祥。［补曰]《说文》:“饴,米蘖煎也。”“饧,饴和馓者也。”“糖,饴也。”《太玄》云:“干于丘饴。”《方言》:“饴谓之[illegible]”,“饧谓之糖”。注:“江东皆言糖。”《后汉》:“野王岁献甘醪、膏饧。”《淮南子》:“柳下惠见饴,曰:可以养老。”《说文》:“蘖,牙米也。”“蘖,鱼列反。”

园菜果蓏助米粮。蓏,郎果反。

木实曰果,草实曰蓏。言园圃种菜,及殖果蓏,贫者食之以免饥馑,故云助米粮也。[补曰]《尔雅》:“菜谓之蔌。”《小尔雅》:“菜谓之蔬。”《说文》:“在木曰果,在地曰蓏。”又张晏云:“有核曰果,无核曰蓏。”应劭云:“木实曰果,草实曰蓏。”《周礼》注:“果,枣李之属。蓏,瓜瓠之属。”

甘麮殊美奏诸君。麮,丘举反,又丘据反。甘,一作白。

甘麮者,煮麦为甘粥也。麮之言齲也,谓齲烂也。一曰:麮者,糗也。音丘柳反。麮、糗声相近,实一物也,今人通以熬米麦为之麨。音昌绕反,又尺沼反。一作䴰。[补曰]《说文》:“糗,熬米麦也。”甘麮者,以蜜和糗,故其味甘也。齲,丘羽反。黄氏曰:“麮,麦粥汁。”[补曰]《荀子》:“夏日则与之瓜麮。”注:“麮,煮麦饭也。”《说文》云:“麦甘鬻也。”奏,进也。言此殊绝甘美之食,宜进之于君上。[补曰]食之美欲以献君。

袍襦表里曲领裙。襦音孺。裙音群。

长衣曰袍,下至足跗。方于反。[补曰]《淮南子》:“伯余初作衣。”《吕氏春秋》:“胡曹作衣。”《方言》:“褒明谓之袍。”《广雅》云:“褒明,长襦也。”《诗》“与子同袍”,注:“袍,襺也。”疏:“《玉藻》云:‘纩为襺,缊为袍。’着新绵名为襺,杂用旧絮名为袍。”短衣曰襦,自膝以上。一曰:短而施要一遥反。者,襦。[补曰]《周礼》注:“衣有襦裳者为端。”《方言》:“裺谓之襦。”“複襦,江湘之间谓之襜,或谓之筒褹。”裺,於剑反。褹即袂字。衣外曰表,内曰里。[补曰]《说文》:“古者衣裘,故从毛为表。”《论语》:“当暑,袗絺绤,必表而出之。”《诗》:“绿衣黄里。”《贾谊传》:“白縠之表,薄纨之里。”著曲领者,所以禁中衣之领,恐其上拥颈也,其状阔大而曲,因以名云。黄氏曰:曲领即襘褕。[补曰]《士昏礼》注:“刺黼为领,如今偃领。”《深衣篇》:“曲袷如矩以应方。”注:“古者方领,如今小儿衣领。”《广川王去传》:“刺方领绣。”《尔雅》:“衣眥谓之襟。”注:“交领。”著,竹略反。裙,即裳也,一名帔,一名䙞。帔音披。䙞音碑。[补曰]《方言》:“绕衿谓之裙。”注:“江东通言下裳。""陈魏之间谓之帔,自关而东或谓之襬。"《万石君传》"中裙",注:"若今言中衣。"《说文》:"裙,下裳也。""弘农谓:裙,帔也。帔,披义反。"《释名》:"裙,群也,连接裙幅也。"

襜褕袷复褶袴裈。襜,昌瞻反,一尺占反。褕音逾,一弋朱反。袷,古洽反。复,方复反。褶,徒频反,音牒,又音习,一作袭。裈,古浑反。

襜褕,直裾襌衣也,襌,多安反。谓之襜褕者,取其襜襜而宽裕也。[补曰]《汉·何并传》注:"曲裾襌衣也。"《小尔雅》:"襜褕谓之童容。"注:"亦云蔽膝。"《方言》:"襜褕,江淮南楚谓之穜褣,自关而西谓之襜褕。"武安侯"衣襜褕入宫,不敬。"注云:"若妇人服。"黄氏曰:"襜褕,蔽膝也。"衣裳施里曰袷。黄氏曰:"袷音夹,衣无絮也。"[补曰]《广韵》"复衣",《匈奴传》"綉袷",《论语》"春服既成",注:"衣单袷之时。"褚之以绵曰复。褚,丁吕反,装衣。[补曰]《南粤传》:"上褚五十衣。"注:"以绵装衣曰褚。"《礼记》:"茧衣裳",注:"若今大襺。"褶谓重丈龙反。衣之最在上者也,其形若袍,短身而广袖,一曰:左衽人禁反。之袍也。黄氏曰:"褶音习,袴也。"[补曰]《广韵》:"褶,袷也。"《玉藻》:"帛为褶。"注:"有表而无著,袂也。"一作袭。《说文》:"袭,左衽袍。"袴谓胫胡定反。衣也，大者谓之倒顿，小者谓之校衫。 袨，古鸟反，又功巧反。衫音了，力鸟反。［补曰］《方言》：“今襟袴也。音皎了。”袴之两股曰襱，徐龙反，又丈勇反。［补曰］袴，一作绔，《说文》作绔。《朱博传》：“褒衣大袑。”注：“袑，袴也。”《方言》：“袴，齐鲁之间谓之襪，或谓之襱，关西谓之袴。”《小尔雅》：“袴谓之褰。”《左传》：“徵褰与襦。”注：“褰，袴也。”“无祠之袴谓之襣。”注：“今犊鼻裈也。”合裆谓之裈，最亲身者也。［补曰］《汉·外戚传》“穷绔”，注：“即今之裩裆袴。”《广韵》：“㡓，亵衣。”《司马相如》：著犊鼻裈，注：“即今之松也。”姚令威云：“《医书》：膝上二寸为犊鼻穴。言裈之长财至此。”

襌衣蔽膝布毋縳。襌音单。縳或作尊，祖昆反。

襌衣，似深衣而褒大，亦以其无里，故呼为襌衣。［补曰］《诗》：“衣锦褧衣。”褧，襌也。襌为絅。《说文》：“襌，衣不重。”今俗皆借单字。《汉书》“盖宽饶断其襌衣”，“江充衣纱縠襌衣”，“马援都布单衣”，“陆闳越布单衣”。《方言》：“襌衣，江淮南楚之间谓之𧝓，关之东西谓之禅。”“袀繵谓之襌。”“今呼谓凉衣。”覆䘿谓之襌衣。”蔽膝者，于衣裳上著之，以蔽前也。一名韨，又曰韠，亦谓之襜。著，竹略反。韨音弗。韠音毕。幨,昌占反。[补曰]《诗》:"赤芾在股。"笺云:"芾,太古蔽膝之象也。冕服谓之芾,其他谓之韠。以韦为之。其制:上广一尺,下广二尺,长三尺,其颈五寸,肩革带博二寸。"疏云:"《易乾凿度》注:'古者田渔而食,因衣其皮,先知蔽前,后知蔽后。后王易之以布帛,而犹存其蔽前者,重古道不忘本。'"《方言》:"蔽厀,江淮之间谓之祎,或谓之袚,魏宋南楚之间谓之大巾,自关东西谓之蔽厀,齐鲁之郊谓之袡。襦,西南蜀汉谓之曲领,或谓之襦。裈,陈楚江淮之间谓之㶉。"《说文》:"韠,韨也,所以蔽前。"《玉藻》注:"韠之言蔽也,象裳色。"韨亦蔽也。《尔雅》:"衣蔽前谓之襜。"注:"襜,蔽膝也。"《杂记》:"袡,妇人蔽膝。"《小尔雅》:"蔽膝谓之袡。"布毋縛者,薉貉女子以布为胫空,用絮补核,状如襜褕。薉貉者,东北之夷也。说者或云:毋縛,布名。非也。薉音秽。貉音陌。黄氏曰:"江东谓鵧鷞为布毋。布毋縛,小衣也,犹犊鼻耳。"[补曰]《方言》注:"鵧鷞,江东呼布毋。"《说文》:"薉貉中女子无绔,以帛为胫空,用絮补核,名曰縛衣。"《广韵》:"濊貉,夫余国名。"

针缕补缝绽紩缘。针,一作箴,之林反。缝,符容反。紩,持栗反,音秩。绽,丈苋反,一作袒。缘,悦绢反,叶音循。鲍明远《东武吟》怨字叶轩,一作循。

针，所以缝衣也。[补曰]《内则》："箴管线纩。"《荀子》:《箴赋》。缕，线也。修破谓之补。缝解谓之绽。纳一作细。刺谓之紩。绽，一作袒。[补曰]《尔雅》："黹，(致耻反)，紩也。"《说文》："缝，以针紩衣也。""䋎，(文见反)，补缝也。"《说文》《广韵》："袒，衣缝解。"又作䘺。绽，补完衣也。崔寔《政论》："补䘺决坏。"注："䘺，直苋反。"《礼记》："衣裳绽裂，纫箴请补缀。"黄氏曰："紩，缝也。"纯边谓之缘。纯，之允反。[补曰]《尔雅》："缘谓之纯。"《深衣篇》："纯袂、缘、纯边，广各寸半。"注："缘，緆也。"《仪礼》注："饰衣领：袂口曰纯，裳边侧曰綼，下曰緆。"

履舄鞜㡀絾緞紃。鞜音踏，他匝反。㡀，一作襞，音壁。絾，于月反，音越。緞，乎加反，音遐。紃音巡。

单底谓之履，或以丝为之，复底而有木者谓之舄。[补曰]《说文》："履，足所依也。"《方言》："自关而西谓之屦，中有木者谓之复舄。"《周礼·屦人》注："复下曰舄，禪下曰屦。"《古今注》："履，屦之不带者。""舄以木置履下，干腊不畏泥湿也。"《诗》："赤舄几几"，"玄衮赤舄"，"冕服之舄"。鞜，生革之履也。黄氏曰："鞜，革履也。"[补曰]扬雄《长杨赋》："圣文革鞜不穿。"郑崇曳革履。《说文》："鞻，革生鞮也。"今俗作鞋。㚑,谓鞜之深大者也。黄氏本作襞。注曰:"褰衣也。""革中辨谓之褰。"《尔雅》[补曰]:襞,叠衣也。徐铉曰:"衣襞积如辨也。"《子虚赋》注:"襞积即今群褊。"辨音片。褰音券。絨,织彩为之,一名车马饰,即今之织成也。黄氏曰:"絨,纻布。"[补曰]《说文》:"絨,采章也。"《广韵》:"絨,纻布。"王符《潜夫论》:"葛子升越。"緞,履跟音根。之帖也。絨緞,以絨为緞也。黄氏曰:"当书鞎。"[补曰]緞,《广韵》作鞎:"履跟后帖。"亦作鞎,音退。鞎足后踵。《说文》:"鞎,徒玩反。或作缎。"紃,缘履之圆绦也。贾谊谏曰:"今人卖僮仆者,为之绣衣丝履偏诸缘。"又曰:"美者黼绣,庶人之妾以缘其履。"是则古之履饰,通用紃之属也。一曰紃者,属五彩而为之,若今之刺绣鞾矣。黄氏曰:"紃,环彩绦也。"[补曰]《礼记》"组、紃",注:"紃,绦。"又"紃以五彩",注:"紃,施诸缝中,若今时绦也。"《周礼》注:"纯,缘也。"偏诸,若今之织成。《荀子》"紃履之士",注:"紃,绦也,编麻为之,麄绳之履也。"又"麄紃之履",注云"麻屦"。《说文》云:"紃,圜采也。"绦,他高反。属,之欲反。

靸鞮卬角褐韤巾。靸,速沓反。鞮,的齐反。卬,颜当反。韤,勿发反,从韦,俗作韈,非是。

靸一作鞨。谓韦履头深而兑，平底者也，今俗呼谓之跣子。［补曰］孰曰韦，生曰革。《说文》："鞨，小儿履也。"《广韵》："或作靸，音飒，又先合反。"跣，先典反。鞮，薄革小履也。黄氏曰："靸、鞮，革履。扬雄《方言》：'履，禅者谓之鞮，粗者谓之履。'他回反。"［补曰］《周礼》："鞮鞻氏。"注："鞮鞻，四夷舞者所屝也。今时倡蹋鼓沓行者自有屝。"鞻读屦。《说文》："鞮，革屦也。"徐锴曰："鞮亦履，今胡人履连胫谓之络鞮。"《仪礼》疏："无絇谓之鞮屦。"卬角，屐上施也，形若今之木履，而下有齿焉，欲其下不蹶，音厥。当卬其角，举足乃行，因为名也。黄氏曰：《方言》："东北谓之卬角。卬，履头也。下邳谓漆履有齿者曰鞆角。"［补曰］《说文》："鞆角，鞮属。"《方言》："东北朝鲜洌水之间谓之角伯，徐土邳圻之间，大麄谓之鞆角。"注："今漆履有齿者。"《广韵》："鞆，履头。"音卬。褐，织毛为衣也，或曰粗衣也。［补曰］《诗》："无衣无褐。"《孟子》云："许子衣褐。"注："褐，毛布，贱者之服也。"《说文》："褐，编枲袜。一曰：粗衣。"《荀子》："竖褐不完。"注："僮竖之褐。"《史记索隐》谓："褐衣而竖裁之，省而便事。"《汉·货殖传》"裋褐"，注："裋，布长襦也，(音竖)。褐，编枲衣也。"《贡禹传》注："毛布衣。"韈。足衣也，一曰：褐谓编枲为韈也。［补曰］《韩子》："文王袜系解，因自结。"《左传》:"褚师声子韈而登席。"《外戚传》:"傅袴韈。"张释之与王生结韈。巾者,一幅之巾,所以裹头也。一曰:裹足之巾,若今人裹足布也。[补曰]周迁《舆服杂事》:"巾以葛为之,形如帢,本居士野人所服。"《释名》:"巾,谨也。二十成人,士冠,庶人巾。"《说文》:"帔,一幅巾也。"《后汉》:"符融幅巾奋褎。""幅巾,以一幅为之。""郭林宗巾一角垫。"《列子》:"北国之人鞨巾而裘。"《方言》:"络头,帞头也。河北曰幧头。"古诗:"少年见罗敷,脱巾著幧头。"向栩、周党著"绡头"。"绡当作幧,七消反。"《仪礼》注:"如今著幓头,自项交额绕髻。"《诗》:"邪幅在下。""如今行縢,邪缠于足。"《左传》"幅舄","幅,若今行縢,音逼"。

裳韦不借为牧人。韦,一作帏。

韦,柔皮也。裳韦,以韦为裳也。[补曰]《考工记》:攻皮之工有韦氏。《左传》:"裳,下之饰也。"贾山云:"布衣韦带之士。"一作帏。《国语》注:"裳正幅曰帏。"不借者,小屦也,以麻为之。其贱易得,人各自有,不须假借,因为名也。言著韦裳及不借者,卑贱之服,便易于事,宜以牧牛羊也。易,并弋豉反。著,竹略反。便,频绵反。黄氏曰:"《方言》:'丝作者谓之履,麻作者谓之不借。'"

[补曰]《古今注》:"不借,草履也。汉文帝履不借视朝。"《仪礼》注:"绳菲,今时不借也。"疏云:"周时人谓之屦,子夏时人谓之菲,汉时谓之不借。"《汉》:"卜式布衣中蹻而牧羊。"《诗》:"牧人乃梦。"

完坚耐事逾比伦。耐,乃代反。

耐,堪任也。[补曰]耐,忍也。《礼运》注:"耐,古能字。"《晁错传》:"其性能寒。"能读曰耐。比,例也,伦,类也,言著此衣履屦者,必须完全坚韧,堪任事务,经历长久,乃得逾于等类,不破坏也。韧音刃。[补曰]《礼记·深衣篇》云:"完且弗费。"

屐屩絜粗羸窭贫。屩,居勺反。絜,方孔反,一作索,一作素。粗,一作藨,平表反。窭,其羽反。

屐者,以木为之,而施两齿,所以践泥。[补曰]《爰盎传》:"屐步行七十里。"《庄子》云:"墨者以跂蹻为服。"注:"麻曰屩,木曰屐。屐与跂同,屩与蹻同。"《搜神记》:"屐,妇人圆头,男子方头。"屩即今之鞋也。[补曰]《史记》:"虞卿蹑屩担簦。"注:"蹻,草履也。"冯驩"蹑屩"见孟尝君。"屩亦作蹻,音脚。"《广韵》:"鞿,屩也。"亦作鞋。絜,圆头掩上之履也。[补曰]《说文》:"紨,枲履也。"《广韵》:"絜,小儿皮屦。音菶,又巴讲反。"粗者,麻枲杂履之名也，南楚江淮之间通谓之粗。黄本作藨。［补曰］《说文》："麤，草履也。村呼反。""苞，南阳以为粗履。"《方言》："屝、屦、粗，履也，徐兖之郊谓之屝，南楚江沔之间总谓之粗。"《曲礼》"苞屦"，注："凶服。苞，藨也。"白表反，草名。羸，困弱也。窭，无礼者一作之名。也。［补曰］《诗释文》："谓贫无可为礼。"贫，无财者也。言羸窭，其人无有华饰也。［补曰］《说文》："羸，瘦也。"羊瘦则羸。《国语》："周固羸国也。"《汉》："贾山曰：'诸儒生多窭人子。'"《诗》："终窭且贫。"《说文》："贫，财分少也。"

旃裘鞣䩮蛮夷民。旃，一作毡。鞣，先各反。䩮，大合反。

鞣䩮，胡履之缺前雍者也。黄氏曰："音索铎，胡履也。"［补曰］《新唐书·西域传》："足曳鞣䩮，履也。"言蛮夷之人唯以毡为裘，而足著鞣䩮也。今西羌其服尚然。［补曰］《匈奴传》："被旃裘"，旃与毡同。《说文》："毡，撚毛也。"《周礼·掌皮》："共其毳毛为毡。"《广韵》："裘，皮衣。"《说文》："南方蛮从虫，东夷从大。大，人也。"《书》："九夷八蛮。"

去俗归义来附亲。

去其本俗，归于德义，附化而亲近也。［补

曰］董仲舒曰："殊方万里，说德归义。"

译导赞拜称妾臣。

译，传言也。导，引也。赞，见也。始来归义，言语未通，故须传译导引进见而拜，依臣妾之礼也。一曰：赞，助也，谓译导者佐助之也。

［补曰］杜笃《通边论》："亲录译导，缓步四来。"《国语》注："舌人，能达异方之志，象胥之官也。"太史公曰："海外殊俗，重译款塞。"《周礼》有象胥，传四夷之言。《王制》："东方曰寄，南方曰象，西方曰狄鞮，北方曰译。"《说文》："译，传四夷之语者。"《汉·百官表》有九译令。《匈奴传》："呼韩邪朝天子于甘泉宫，赞谒称臣而不名。"男曰臣，女曰妾。

卷　三

戎伯总阅什伍邻。总，一作揔。伯，一作貊，莫白反。邻，一作陈。

戎，谓编士卒之列也。百人为伯，则置长，竹丈反。以总统阅视之也。五人为伍，二伍为什，五家为邻。又依此法，各有部署，安居服役，皆遵制令，无乖刺来葛反。也。篇本伯字或作貉，貉即上薉貉之类者也。言戎貉者，广说四夷也。［补曰］《周书·大聚篇》："五户为伍，以首为长。十夫为什，以年为长。"《周礼·宫正》："会其什伍。"《说文通释》："五人相杂谓之伍，十人相杂谓之什，百人相杂谓之伯。"《古今注》："五人曰伍，五长曰伯，故称伍伯。一曰户伯。汉制：兵吏五人，一户一灶，置一伯。"韩延寿为东郡太守，置正伍长。总，合也。总字同。《老子》曰："有什伯之器。"汉有"尺籍伍符"。《管子》曰："善攻民者，辅之以什，司之以伍。"李本：十人为什。薉貉，《汉书》作秽貊。北方曰貉。《说文》"北方貉"。邻，一作陈，谓陈列其什伍也。《诗》云：

“左右陈行。”

稟食县官带金银。稟，笔锦反，读曰廪，一作廪。食音饲。

稟食县官，官给其食也。带金银者或得封侯，或受职任，皆佩印也。［补曰］稟，赐谷也。《汉书》：“县官谓天子也。”《史·平准书》：“衣食仰给县官。”索隐云：“夏家王畿内名县内，即国都也。王者官天下，故曰县官。”《西域传》稟食，注：“稟，给也。”读曰廪。《贡禹传》云：“廪食太官。”《百官表》：“金印紫绶”，“银印青绶”。《尔雅》：“黄金谓之璗，白金谓之银。”

铁鈇钻锥釜鍑鏊。鈇，音肤，方符反。钻，借官反。锥，职追反，一作錏。鍑，音富，分副反，一音腹。鏊音牟，莫浮反。鏊，叶音毛。《楚辞·大招》悠叶寥，《九章》流叶昭。

因说金银，遂陈用器也。铁鈇，以铁为莝刃也。一曰以铁为椹也。椹，竹林反。［补曰］《周礼》注：“莝谓剑夹，人所握。”齐人言鈇椹。”《说文》：“铁，黑金也。”“鈇，莝斫刀也。”锥，所以刺入也。钻，所以穿通也。［补曰］《说文》：“锥，锐也。”平原君曰：“若锥之处囊中，其末立见。”钻，所以穿也，又子算反。《方言》："钻谓之鍴。""锥谓之铭。"《考工记·函人》："眡其钻空。"《太玄》："丸钻于内。"釜所以炊煮也。大者曰釜，小者曰鍑，北燕朝鲜洌水之间谓之錪。洌音列。錪，他典反，《方言》音腆。黄氏曰："鍑，釜而大口者。"[补曰]《方言》："釜，自关而西或谓之釜，或谓之鍑。"注："鍑亦釜之总名。""江淮陈楚之间谓之锜，或谓之镂，吴扬之间谓之鬲（音历）。"《匈奴传》："多赍鬴鍑。""鬴，古釜字。"《广韵》："镂，或作鍢。""錪，小釜。"鍪似釜而反脣，一曰：鍪者，小釜类，即今所谓锅，工禾反也。亦曰镞音族。鏂。未戈反。黄氏曰：鍪，鍑属。[补曰]《内则》："敦牟卮匜。""牟，木侯反。齐人呼土釜为牟。"读曰堥。《隐义》曰："堥，土釜也。"《说文》："鏂锉，鏂也，鲁戈反。""号，土鍪也，侯抱反。"

锻铸铅锡镫锭鐎。镫，丹增反，音登。锭，徒经反。鐎，了消反，音谯。《广韵》音焦。

凡金铁之属，椎直追反。打而成器者，谓之锻，销冶而成者谓之铸。[补曰]《苍颉篇》曰："锻，椎也。"《说文》："锻，小冶也。"《通释》曰："椎之而已，不消。"铅，青金也。锡，一名鈏，音引。在银铅之间，即今白鑞也。鑞音腊。[补曰]《禹贡》："青州贡铅。"《职方氏》："扬州，其利金锡。"镫，所以盛音成。膏夜然燎者也，燎，力召反。其形若杅。音于。而中施釭，音工。有柎方于反。者曰镫，无柎者曰锭，柎谓下施足也。黄氏曰："豆，有足曰锭，无足曰镫。"[补曰]《尔雅》："瓦豆谓之登。"注："即膏镫也。"《楚辞》："兰膏明烛，华镫错。"注："镫，锭也。徐铉曰：锭中置烛，故谓之镫。"华谓其刻饰华好。《集古录》有林华宫行镫铭，汉五凤中造。《博古图》有锭铭。鐎谓鐎斗，温器也，似铫而无缘。弋绡反。黄氏曰："鐎，刁斗也，温器，三足而有柄。"[补曰]《汉·李广传》："刁斗"，注："以铜作鐎，受一斗，昼炊饭食，夜击持行夜，形如銗，无缘。銗，铫也。"杜钦曰："五分夜击刁斗自守。"《博古图》有汉熊足鐎斗、龙首鐎斗，可以温物。

钤鐫钩铚斧凿鉏。铚，知栗反。一作銍。钤，巨廉反。鐫，特妥反，音堕，又徒猬反。鉏，叶音铫，吐雕反，见前"竺谏朝"注，一作锄。

钤鐫，大犁之铁。黄氏曰："钤鐫，大犁也。音堕。"[补曰]钤，《广韵》作钻，铁锄也，巨淹反。《说文》："钤鐫，大犁，一曰类柜。"鐫，《玉篇》作鐪，车辖，又犁錔，徒果反。《广韵》："炼鐫，车辖。"徒猥反。钩即镰力詹反。也，形曲如钩，因以名云。亦谓之锲。苦节反。《说文》："苦结反，镰也。"[补曰]《龚遂传》:“持鉏钩田器。”注:“钩,镰也。”《方言》:“刈钩,江淮陈楚谓鉊。”“鍋,关阙西谓钩、镰、锲。”《释名》曰:“镰,廉也,薄其所刈,似廉也。”鉊音昭。鍋音果。铚,刈黍短镰也。黄氏曰:“获禾短镰,一作鉒,音注。”[补曰]《诗》:“奄观铚艾。”注:“铚,获也。”《释名》:“获铁也。”《管子》:“一农之事,必有一铚一耨一铫,然后成农。”《小尔雅》:“截颖谓之拴。”《国语》注:“刈,镰也。”斧,所以伐木也。凿,所以穿木也。[补曰]《周书》:“神农作陶冶斤斧。”《诗》:“析薪如之何,匪斧不克。”“既破我斧。”注:“隋銎曰斧。”《太玄》:“斧刃蛾蛾。”凿,錾也。《古史考》:“孟庄子作。”鉏,去草之具也,一名兹基。去,邱吕反。[补曰]《说文》:“鉏,立薅所用也。”《释名》曰:“鉏,助也,去秽助苗也。”亦作锄。《孟子》:“虽有镃基,不如待时。”《国语》:“耨,兹其也。”《周礼·薙氏》:“春始生而萌之,夏日至而夷之,秋绳而芟之。”注:“萌之者,以兹其斫其生者。夷之,以钩镰迫地芟之也,若今取茭矣。”疏:“汉时兹其,即今之锄也。”《尔雅》:“斪斫谓之定。”注:“锄属。”《齐语》:“恶金以铸鉏夷斤欘。”

铜钟鼎鋞鋗鍉铫。鋞,胡经反,一作钘,又作铏。鋗,火玄反。鍉,一作匜,羊支反。铫音遥。

铜钟,以铜为钟。钟,酒器也。[补曰]《孔丛子》:"尧饮千钟。"钟,酒器。鐘,乐器。鼎,三足两耳爨器也。[补曰]《尔雅》:"鼎,绝大谓之鼐,圜弇上谓之鼒,附耳外谓之釴,款足者谓之鬲。"《周易》注:"鼎,亨饪调和之器。"曰崇曰贯,名其国也。曰谗曰刑,著其事也。曰牢曰陪,设之异也。曰神曰宝,重之极也。鋞,温器,圆而直上也。鋞字或作钘,钘似鐘而长颈也。钘,胡经反。《说文》:"贤星反。"[补曰]《广韵》:"鋞,温器,似鐘而长。"钘,酒器。铏,祭器,以盛羹。二字并音刑而义异。銗亦温器也。黄氏曰:銗,铜铫也。[补曰]《说文》:"銗,小盆也。"《博古图》有梁山銗,元康元年造。鍦,系而提之。黄氏曰:"鍦,有柄,可以注水。"[补曰]一作匜。《广韵》:"杯匜似榹,可以注水。"榹音移。《左传》注:"沃盥器也。"《国语》:"奉盘匜。"铫。黄氏曰:铫,烧器。[补曰]《说文》:"铫,温器,一曰田器。"《世本》曰:"垂作铫。"

釭锏键钻冶锢鐈。釭,古红反(音工),古双反(又音江)。锏音谏,古雁反。键,渠偃反。钻,其沾、敕淹二反,一作鍩,音辖。鐈音乔,渠骄反。

釭,车毂中《说文》一作口。铁也。锏,轴上铁也。施釭锏者,所以护轴,使不相摩垦也。垦,口狠反。黄氏曰:锏,车间铁。[补曰]《史记》:"炙轂过髡。”索隐云:“过与锅字相近,即脂器也。《别录》作輠。”《方言》:“车釭,齐燕海岱之间谓之锅(音戈),或谓之锟(音衮),关西谓之釭,盛膏者谓之锅。”《释名》云:“锏,间也,间釭轴之间,使不相摩。”键,以铁有所竖关,若门牡之属也。[补曰]《小尔雅》:“键谓之籥。”《广韵》:“键,管籥。”《方言》:“户钥,关东陈楚之间谓之键,关西谓之钥。”《月令》:“修键闭。”注:“键,牡;闭,牝也。”牡谓鏁须。《五行志》:“长安章城门门牡自亡。”注:“牡所以下闭,以铁为之。”钻,以铁有所镊取也。镊,女辄反。[补曰]《苍颉篇》:“钻,持也。”《说文》:“铁鋷也。”“鋷,陟叶反。《广韵》:“持铁一曰膏车铁。”钻,御书作錧,车轴头铁也,与輨同。冶,销金铁之炉也。锢者,铸而补塞之,令其坚固也。[补曰]《尸子》曰:“蚩尤造九冶。”《考工记·冶氏》:“攻金之工。”《说文》:“锢,铸塞也。”鐈者,以铁有所辅助,若桥梁之形也。黄氏:“鐈似鼎长足。”

竹器簦笠簟籧篨。簦音登。籧,巨于反。篨,直於反,音渠、储。篨,叶篝韵。《诗·羔裘》濡叶侯。《汉·叙传》车叶侯。

竹器,总言织竹为器也。簦、笠,皆所以御雨也。大而有把,音霸手执以行,谓之簦;小而无把，首戴以行，谓之笠。虞卿蹑屩担丁甘反。簦，即谓此也。黄氏曰：簦，长柄笠也。［补曰］《说文》："簦，笠盖也。""笠，簦无柄也。"《国语》："簦笠相望于艾陵。"注："备雨器。"《诗》："何蓑何笠。"注："笠以御暑。"又"台笠"，"其笠伊纠"。注："笠以御暑雨。"《仪礼》注："笠，竹篣盖也。"织竹为席谓之簟，织苇而粗文者，籧篨也。黄氏曰：籧篨，芦蕟。［补曰］《方言》："簟，宋魏之间谓之笙，或谓之籧苗，关西谓之簟，其粗者谓之籧篨。"注："江东呼籧篨为蕟，音废。"《诗》："下莞上簟。"笺："竹苇曰簟。"《说文》："簟，竹席也。""籧篨，粗竹席也。"《广韵》："籧篨，芦蕟也。"《诗集传》："籧篨，本竹席之名，人或编以为囷，其状如人拥肿不能俯。"

笆篅篇筥籅箅篝。笆，徒本反。篅，市缘反，又市专反。篇音编，婢连反。筥，居吕反。籅，於六反。箅，必至反，又博计反。篝，古侯反。

笆、篅，皆所以盛米谷也，以竹木簟席若泥涂之则为笆。笆之言屯也，物所屯聚也。织草而为之则曰篅，取其圆团之然也。黄氏曰：笆音钝。篅音遄。［补曰］《说文》："笆，篅也。"《通释》："今俗言仓笆。"《广韵》："囤，小廪也。"《淮南子》云："守其篅笆。"注："受谷器。篅，音颛。"《说文》："篅，以判竹圜以盛谷也。"今俗作圌。竹器之盛饭者,大曰篎,小曰筥。筥一名箱,受五升。一曰篎者,织竹之舆也。箱,一作筲,山交反。舆,弋庶反。黄氏曰:篎音鞭,竹舆。[补曰]《史记·张敖传》:"贯高问之篎舆前。"注:"编竹木以为舆形,如今之食舆。"何休注《公羊传》:"笋者,竹篎,一名编。齐鲁已北名为笋。"《诗》:"维筐及筥。"注:"方曰筐,圆曰筥。"《聘礼》:"以二竹簋方。"注:"器以竹为之,状如簋而方,如今寒具筥。筥者圆,此方。"《说文》:"筥,箱也。""陈留谓饭帚曰箱,一曰饭器,容五升。宋魏谓箸筒为箱,所交反。"徐锴曰:"今言箱箕。箱,饭筥也。秦谓筥曰箱。"山枢反。箅,炊之漉米箕也,或谓之缩,或谓之篗,或谓之匧。音还,《方言》音旋。漉音鹿。篗音叟。黄氏曰:"箅可以漉米。"[补曰]炊箅之名见《方言》,注"漉米箅也。江东呼淅签。《汉书音义》:"烽如覆米箅。"《字林》云:"箅,漉米籔。"《纂要》云:"淅箕也。"籔炊箅也。《广韵》云:"漉米器。"箅,蔽甑底者也,其字从畀。畀音必寐反。黄氏曰:箅音卑,取鱼器,又音闭,甑箅。[补曰]《说文》:"箅,蔽也,所以蔽甑底。"《世说》:"陈元方听客语,炊忘著箅,饭落釜中。篝一名答,盛杯器也,亦以为薰笼。楚人谓之墙居。答音落。薰,许云反。黄氏曰:篝,熏笼也。[补曰]《楚辞》:"秦篝齐缕,郑绵络。"注:"篝,落也,又笼也,可熏衣。"《方言》:"陈楚宋卫谓之墙居。"注:"今熏笼。""栝落,陈楚宋卫又谓之豆筥。"注:"盛栝器,笼也。"《说文》:"篝,筌也,可熏衣。宋楚谓竹篝墙以居也。"《史记·陈涉世家》:"夜篝火",以笼覆火也。《龟策传》亦然。

簁箄箕帚筐篋篓。簁,山奇、所绮二反。箄,并弭反,音俾。筐音匡。篓,洛侯反。篓音娄。

簁,所以箩去粗细者也,今谓之筛。大者曰簁,小者曰箄,其字从卑。卑下之卑,必弥反。黄氏曰:簁,竹箩。[补曰]《广韵》:"簁,箩也。所绮反。"韩文公诗:"春雪堕如簁。"所宜反。《贾山传》:"筛土",注:"筛以竹簁为之。"簁,山尔反。箕,可以簸扬及去粪。帚,所以扫刷。古者杜康作箕帚。簸,波我反,又甫佐反。去,并丘吕反。[补曰]《诗》:"维南有箕,不可以簸扬。"《曲礼》:"凡为长者粪之礼,必加帚于箕上。"《弟子职》曰:"执箕膺擖(音叶),厥中有帚。"《说文》:"箕,簸也。"《方言》云:"注箕谓之箩。"少康初作箕。帚,杜康也。篲,帚也。《庄子》:"田开之曰'操拔篲以侍门庭'。"《史记》:"驺子如燕,昭王拥彗先驱。"《说文》:"妇,从女侍帚,洒扫也。"《东观汉记》:"家有弊帚,享之千金。"筐亦筥属也,筥圆而筐方。[补曰]《诗》:"不盈顷筐。"注:"畚属。"《韩诗》云:"敧筐也。""承筐是将。""筐,篚属,所以行弊帛也。"贾谊曰:"俗吏所务,在于刀笔筐箧。"箧,长笥也,言其狭长箧箧然也。笥,先寺反。[补曰]箧,箱箧。《庄子》"盛以箧衍",《左传》"一箧锦",《汉·张安世传》"亡书二箧"。《说文》:"笥,饭及衣之器也。"篓者,疏目之笼,亦言其孔楼楼然也。黄氏曰:篓,竹笼。[补曰]《方言》:"篆小者,南楚谓之篓,自关而西秦晋之间谓之箄。"注:"今江南亦名笼为箄。"

橢杅槃案桮閜碗。橢,秃颇反,一作櫇。杅,一作盂。槃,一作盘。桮,一作杯。閜,呼雅反。鸳,乌管反,一作椀。

橢,小桶也,所以盛盐豉。盛音成。桶,徒孔反。黄氏曰:橢,器之狭长者。[补曰]《说文》:"橢,车笒中橢。"《通释》曰:"橢者,器长狭,中广,末杀。"杅,盛饭之器也。一曰:齐人谓盘为杅。[补曰]《说文》:"盂,饭器也。""桲,木可屈为杅。"《史记》:"田蚡学孔甲《盘盂》诸书。"《东方朔传》:"置守宫盂下。"注:"盂,食器也,若盋而大。"今所谓盋盂。"盋音拨。《方言》:"盌,宋楚魏或谓之碗,碗谓之盌,或谓之铫锐,盌谓之柯。"《尸子》曰:"君如杅,民如水,杅方则水方,杅圆则水圆。"无足曰盘,有足曰案,所以陈举食也。[补曰]《大学》:“汤之《盘铭》。”《践阼篇》:“于盥盘为铭。”《说文》:“槃,承槃也。”“《西京杂记》:‘中山王《文木赋》曰:制为盘杅。’籀文从皿。”《考工记》:“案十有二寸。”万石君对案不食,张敖自持案进食,《说文》:“案,几属。”《通释》曰:“案,所凭也。”《方言》:“案,陈楚宋魏谓之槁,关东西谓之案。”《盐铁论》:“常民文杯画案。”杯,饮器也。一名䰝。音感,又音贡。閜,大杯也。黄氏曰:閜,大桮也。见《方言》。[补曰]《孟子》“桮棬”,《贡禹传》:“杯案尽文画金银饰。”《方言》:“杯(音雅)、槭、盏、椀、閜、盪、盚,桮也。秦晋之郊谓之椀,自关而东赵魏之间曰槭,或曰盏,或曰椀,其大者谓之閜,吴越之间曰盪,齐右平原以东或谓之盚,桮其通语也。”《史记》:“箕子曰:彼为象箸,必为玉桮。”䰝,小桮之别名。碗似盂而深长。碗,字或作椀,其音则同。[补曰]《说文》:“碗,小盂也。”《方言》:“碗谓之櫂,海岱或谓之盎。”《汉·淮南王传》注:“食器,杯椀之属。”

蠡升参升半卮䲥。蠡,《方言》音丽。升一作斗,一作计。参,俗作叁。卮音支。䲥音但,徒旦反。

蠡升,瓢蠡之受一升者,因以为名,犹今人言勺升耳。黄氏曰:蠡,《方言》:“瓠勺也。”[补曰]《方言》:“蠡,陈楚宋魏之间或谓之箪,或谓之櫼,或谓之瓢。”《周礼·鬯人》：“禜门用瓢赍。”注：“瓢谓瓠蠡也。”蠡，力兮反，或郎戈反。《东方朔传》：“以蠡测海。”注：“蠡，瓠瓢也。来奚反。”《广韵》：“蠡以瓢为饮器。”《说文通释》：“半破瓢以酌水为蠡。”参升，亦以其受多少为名也。半者，受五升之半，谓二升五合工沓反。也。此二者皆蕳壶之类也。[补曰]《礼器》：“贵者献以爵，贱者献以散，尊者举觯，卑者举角。”疏曰：“《韩诗说》：‘一升曰爵，二升曰觚，三升曰觯，四升曰角，五升曰散。’《古周礼说》：‘爵一升，觚二升。’《毛诗说》：‘觥大七升。’”罚爵曰觥。然则参升者，觯也，半者，散之半也。卮，饮酒圆器也。[补曰]汉高帝奉玉卮，古字作觗。觛，谓觯之小者，行礼饮酒角也。觯，之豉反。黄氏曰：觛，小觯。[补曰]《说文》：“卮，圜器也。一名觛。”“特坦反。”“实曰觞，虚曰觯。”胡氏曰：“古者制器，随物具义：爵，足也，一爵已足也。觚，寡也，饮当寡少也。觯，适也，适可而止也。角，觸也，恶触罪过也。散，讪也，醉而失礼，为人所讪也。觞，伤也，饮而过度，伤己伤人也。觥，廓也，君子有过，廓然著明，如日月之食，人皆见之也。”

榑榼椑榹匕箸籫。榑音郭，市衮反，一作椯。榼，丘答反。椑音鼙，频奚反。榹，息移反。箸，陟虑反。簨音纂。

　　椯，小卮也，上有盖。黄氏曰：椯音遄，木名，恐非，此觛，小卮也，音剸，恐是。［补曰］碑本作榑，字当从卮。《说文》："䏙，小卮有耳盖者，市沇反。""觛，小卮也，旨沇反。"又之累反。"椯，度也，兜果反。"榼，盛酒之器，其形榼榼然也。［补曰］《孔丛子》云："子路嗑嗑，尚饮十榼。"《说文》作榼。椑，圆榼也，一曰厚榼也。黄氏曰：椑，圆榼也。《汉书》："美酒一椑。"［补曰］见《说文》《广韵》。榹。［补曰］《说文》："榹，槃也。"《尔雅》："亦桃名。"匕，匙也，上支反。亦谓之柶。音四。［补曰］《易》："匕鬯。"《诗》："有捄棘匕。"注："匕所以载鼎实。"《仪礼·有司彻》云："桃匕。""疏匕。"《杂记》："匕用桑，长三尺。"吉礼用棘。《弟子职》："右执挟匕。"《太玄》："反其几，双其朼。"注："朼与匕同。"《周礼》注："柶，匕也。"箸一名梜，工箧反，字从木。所以梜食也。黄氏曰："箸即筯字。"［补曰］《说文》："箸，饭攲也。"今俗讹作筯。《史记》："张良请藉前箸。""条侯顾谓尚食取櫡。"《汉书》作箸。"箸者，食所用也。"《曲礼》："羹之有菜者用梜。"梜亦箸之类。注云："今人谓箸为梜提。"簨，盛匕箸之笼也。［补曰］《方言》："箸筒。""盛朼箸簨也。""陈楚宋魏谓之筲，或谓之籝，自关而西谓之桶檧。""苏勇反。"《广韵》："簨，竹器。"

甀缶盆盎瓮䓨壶。甀,直睡反。盎,乌浪反。䓨,乌茎反。盆盎,一作瓮瓮。

甀,小口罂也。黄氏曰:甀,罂也。[补曰]《淮南子》云:"抱甀而汲。"《列子》云:"状若甂甀。"《战国策》:"醯壶酱甀。"音硾。缶、盆、盎,一类耳。缶即盎也,大腹而敛口,盆则欲底而宽上。缶字或作瓿,瓿甊,小罂也。瓿音部。甊,洛口反。[补曰]《广韵》:"缶,瓦器,钵也。"《易》:"鼓缶而歌。""用缶。"《诗》:"坎其击缶。"《左传》:"具绠缶。"《说文》:"缶,瓦器,所以盛酒浆,秦人鼓之以节歌。"杨恽曰:"仰天拊缶。"逢萌首戴瓦盎。《方言》:"自关而西,晋之旧都,河汾之间,其大者谓之甀,其中者谓之瓿甊;自关而东,赵魏之郊,谓之瓮,或谓之罂;东齐北海岱之间谓之儋。""周洛韩郑谓之甀,或谓之䓨。""缶谓之瓿甌,小者谓之瓶。""䓨甒谓之盎,自关而西或谓之盆,或谓之盎,其小者谓之升瓯。"蔺相如使秦王击缶。《诗正义》:"缶可以节乐,若今击瓯。又可以盛水盛酒,即今瓦盆。"《考工记·陶人》:"盆,实二鬴,厚半寸,唇寸。"《尔雅》:"盎谓之缶。"注:"盆也。""瓯瓿谓之瓵。"注:"小罂,长沙谓之瓵。"瓮谓盛酒浆米粟之瓮也。[补曰]《易·井》:"瓮敝漏。"郑云:"停水器也。"《说文》:"罋,汲瓶也。""瓮,罂也。"李斯《书》:"击瓮叩缻。"《庄子》:"汉阴丈人抱瓮出灌。"《周礼》:

"醯醢百有二十瓮。"罃,长颈瓶也。瓶,步丁反。黄氏曰:罃,备火长颈瓶也。[补曰]《方言》:"罃,陈魏宋楚曰瓺,曰瓶。"罃谓之甄,音蘗。壶,圆器也,腹大而有颈。[补曰]《投壶礼》:"壶颈修七寸,腹修五寸,口径二寸半,容斗五升。"《诗》:"清酒百壶。"《礼记》注:"壶大一石,瓦瓬五斗。"《广韵》:"壶,酒器也。"《太玄》:"竖子提壶。"《左传》:"樽以鲁壶。"

甑甇甂瓯瓨罂卢。卢,一作甗。甇,丁浪反。甂音边。瓨,胡双反,又侯降反。

甑一名甗,亦谓之鬵,又呼为鉹。甗,鱼偃反,又音言。鬵,村林反,又音潜。鉹音侈。[补曰]《古史考》:"黄帝始作甑。"《尔雅》:"䰝谓之鬵。鬵,鉹也。"注:"《诗》曰:'溉之釜鬵。'凉州呼鉹。"孙炎曰:"关东谓甑为鬵。"《考工记》:"陶人为甗。""甗,无底甑也。"《左传》:"齐赂晋纪甗。"《白虎通》:"王者德至山陵,丹甑出。"甇,大盆一作瓮。也。黄氏曰:甇,大瓮,又井甃。[补曰]扬雄《酒箴》:"观瓶之居,居井之眉,一旦叀碍。""为甇所轠。"注:"甇,井以砖为甃者也。"《说文》:"晏亢反,大盆。"甂瓯,瓦杅也,其形大口而庳。一曰:瓯,小盆也。庳音婢。黄氏曰:甂,小盆。[补曰]《说文》:"甂似小瓿,大口而卑。"《方言》:"甂,陈魏宋楚之间谓之题,自关而西谓之甂,其大者谓之瓯。”“今河北人呼小盆为题子，杜启反。”《淮南子》：“狗彘不择甂瓯而食。”瓨，短头长身之罃也。黄氏曰：瓨，长颈罂。[补曰]《说文》：“瓨，似罂，长颈，受十升。”《货殖传》：“醯酱千瓨。”《广韵》：作缸。瓺，《方言》：“灵桂之郊谓瓬。”注：“今江东通名大瓮为瓬。”罂，甀之大腹者也。[补曰]韩信“以木罂缶度军”，注：“瓶之大腹小口者。”韩文公诗：“瓬大瓺罂小，所任自有宜。”卢，小瓮，今之作卢酒者取名于此。黄氏曰：甗音卢，酒器。[补曰]《说文》：“卢，饭器也。”“鑪，瓺也。”音卢。《汉·赵广汉传》：“椎卢罂。”《食货志》：“官作酒，开一卢以卖。”“臣瓒曰：‘卢，酒瓮也。’师古曰：‘卖酒之区也，广汉所破卢亦谓所居罂瓮之处。’”《司马相如传》注：“累土为卢，以居酒瓮。”

纍繘绳索绞纺纑。纍，力追反，一作絫。繘音橘，一作綃。纑音卢。

纍，大索也。黄氏曰：索也。[补曰]《说文》：“纍，大索。”《孟子》云：“系纍”，亦作缧。又缧，网络。《小尔雅》：“纍、绠，繘也。”繘，汲索也，一名绠。汲音急。绠音梗。繘，黄氏本作綃，注曰：“音梢，帆维也。又音宵，《广韵》作绡。”[补曰]《易》：“亦未繘井。”郑云：“绠也。”《太玄》：“繘陆陆，瓶置腹。”又云：

“瓶累于繘。”《方言》：“繘，关东周洛韩魏谓之绠，或谓之络，关西谓之繘绠。”《左传》：“具绠缶。”绳谓紨两股以上，总而合之者也，索总谓切撚乃典反。之令紧工忍反。者也。一曰：麻丝曰绳，草谓之索。［补曰］《老子》：“善结，无绳约而不可解。”《尔雅》：“绳之谓之缩之。”注：“缩者约束。”《诗》：“宵尔索绹。”注：“绹，绞也。”笺：“夜作绞索。”绞即纠也。［补曰］《易》：“系用徽纆。”“三股曰徽，两股曰纆，皆索名。扬雄云：“徽以纠墨。”《说文》：“徽，三纠绳也。”《广韵》：“绞，缚也。”《方言》：“緉、緛，绞也。关东西或谓之緉，或谓之緛。”注：“谓履中绞也。”《通俗文》云：“合绳曰纠。”纺谓纺切麻丝之属，为卢缕也。已纺而成谓之纱。篇本纱字或作纑。黄氏曰：纑，布缕也。［补曰］《说文》：“纑，绳约也。”陈仲子“妻辟纑”，注：“练麻曰纑。”《史记·货殖传》“纑”，注：“山中纻，可以为布。”《说文通释》：“纑即绳一股也，为总则练治之也。”

简札检署槧牍家。札，侧滑反。检，其闪反。槧，自琰反，又七艳反。

竹简，以为书牒也。札者，木牒，亦所以书之也。［补曰］《尔雅》：“简谓之毕。”注：“今简札。”《王制》：“太史执简记。”《聘礼》：“百名以上书于策，不及百名书于方。""方,版也。策,简也。"《说文》:"简,札,牒也。"《释名》:"札,栉也,编之如栉齿相比也。"司马相如令尚书给笔札。公孙卿有札书,注:"札,木简之簿小者。"册,其札一长一短,中有二编。《文心雕龙》:"牒者,叶也,短简编牒,如叶在枝。"检之言禁也,削木施于物上,所以禁闭之,使不得辄开露也。署谓题书其检上也。[补曰]《说文》:"检,书署也。""帖,帛书署也。""扁,署也,从户册者,署门户之文也。"《通释》:"检,书函之盖也。"萧子良云:"署书萧何所定,以题苍龙、白虎二阙。"《周礼》注:"玺节印章,如今斗检封矣。"《广韵》:"书检,印窠封题也。"《汉书》注"封泰山":"金泥玉检。"椠,板之长三尺者也,亦可以书。谓之椠者,言其修长渐渐然也。[补曰]椠,牍朴也。扬雄"把三寸弱翰,赍素油四尺,以问其异语,归即以铅摘次之于椠"。《论衡》:"断木为椠。"牍,木简也,既可以书,又执之以进见于尊者。形若今之木笏,但不挫子卧反。其角耳。[补曰]《说文》:"牍,书版也。"《韩诗外传》:"周舍曰:'墨笔操牍。'"《匈奴传》:"汉遗单于书,牍以尺一寸。"《周礼》:"以方出之。"注:"今时牍也。"陈遵"与人尺牍,皆藏去为荣"。北海王睦"作草书尺牍","长一尺,因取名焉"。《周勃传》:"狱吏书牍背示之。"注:"吏所执簿,簿即牍也。秦宓以簿击颊,亦简牍之类。"《昌邑王传》:"簪笔侍牍趋谒",注:"牍,木简也。"《车服杂事》:"汉高祖始置手板。"家,伏几也,今谓之夹膝。[补曰]《尔雅》:"扆内谓之家",榘牍家,犹扬子所谓榘人也。

板柞所产谷口斜。柞,一作笮,在各反。斜,弋奢反。

板,谓木瓦也。柞,屋栈也,亦谓之箦。[补曰]《秦风·小戎》:"在其板屋。"《地理志》:"天水陇西,民以板为屋。"《说文》:"笮,迫也,在瓦之下棼上。"《尔雅》:"屋上薄为之筄。"注:"屋笮。"栈,仕谏反。箦音责。谷口在北,即今之云阳治谷是也。斜口在南山,今斜谷是也。[补曰]《郊祀志》:"寒门谷口。"注:"谷口,仲山之谷口也。汉时为县,今治谷。仲山之北寒凉,故谓寒门。"《战国策》:"范雎说秦王曰:'北有甘泉谷口。'"《郡县志》:"京兆醴泉县本谷口县,在九嵕山东,仲山西,当泾水出山处,故谓谷口。"《西都赋》:"右界褒斜。"《郡国志》:"武功有斜谷。"《郡县志》:"凤翔府郿县城南当斜谷、褒谷,山在兴元府褒城县北五里。南口为褒,北口为斜,长四百七十里。"《蜀都赋》:"良木攒于褒谷。"注:"褒斜出良材。"言二处皆足林木,板柞从之而出生也。一曰:谷口不出板笮,而言谷口斜者,止谓斜谷之口也。阳陵朱安世曰:“斜谷之木,不足为我械。”[补曰]柞,栎也,在各反。《诗》:“维柞之枝,其叶蓬蓬。”汉有五柞宫,考之颜注,字当作筰。《广韵》:“筰,竹索,西南夷寻之以渡水。”柞、筰音同,或是假借。阳陵县属左冯翊。《郡县志》:“在京北府咸阳县东四十里。”《唐·百官志》:“斜谷监掌采伐材木。”《汉书》注:“斜谷,其中多木。械谓桎梏也。”

水虫科斗䵷虾蟆。䵷,乌瓜反。虾音遐。蟆音麻。

水虫,揔言在水之虫也。科斗,一名活胡阔反。东,亦曰活师,即虾蟆所生子也。未成虾蟆之时,身即头并圆而尾长,渐乃变耳。[补曰]古有科斗篆,取象于此。《字源》云:“高阳作科斗书。”《古今注》:“一名悬针,一名玄鱼。”以其状如鱼,尾如针,并头尾言之,则似斗也。始出有尾无足,稍大足生尾脱。䵷,一名蝼蝈,俱获反。色青,小形而长股。虾蟆,一名鳌,音警,又音荆,音加。大腹而短脚。黄氏曰:䵷即蛙字。[补曰]《月令》:“蝼蝈鸣,蛙也。”《周礼》注:“蝈,今御所食蛙也。”“蝈,尤怒鸣。齐鲁之间谓蛙为蝈。越句践“式怒蛙”。《语》:“蛙黾之与同赌。”霍山曰:“丞相擅减宗庙羔、菟、蛙。”《尔雅》:“鳌,蟆。”注:“蛙类。”元鼎五年,“蛙、虾蟆斗”。

鲤鲋蟹鳝鲐鲍鰕。鲋音附。鳝音善,一作鳣。鲐音台,又音箈。鲍,一作鮑,於业反。鰕音遐。

鲤,即今之鲤鱼也。[补曰]《尔雅》注:“今赤鲤鱼。”《古今注》:“兖州人谓赤鲤为赤骥,青鲤为青马,黑鲤为黑驹,白鲤为白骐,黄鲤为黄骓。”《鱼丽》“美万物盛多”,终之以鲤。《淮南子》:“鱼上负冰。”注:“曰鲤也。”鲋,今之鲼鱼也,亦呼为鲫。鲼音积。鲫音即。[补曰]鲋,小鱼也,似鲤,色黑,小而耐寒。《易》:“井谷射鲋。”(音付。)《子夏传》谓虾蟆。《广雅》云:“鲼也。”《庄子》:“车辙中有鲋鱼焉。”蟹八足二螯,旁行。螯音敖。[补曰]《淮南子》:“蟹,与月盛衰。”《太玄》:“蟹之郭索,后蚓黄泉。”《广雅》:“雄曰鯾鱧,雌曰博带。”吕亢命工作《蟹图》十二种。《周礼·庖人》:“共好羞”,注:“若青州蟹胥。”《考工记》:“仄行,蟹属。”今人谓之旁蟹。鳝似蛇。[补曰]鳝,一作鲤,似蛇,无鳞,黄质黑文。《颜氏家训》《韩非》《说苑》皆曰“鳣似蛇”。假鳣为鳝,《后汉·杨震传》:“鹳雀衔三鳝鱼。”假借为鳣鲔之鳣。案魏武《四时食制》:“鳣鱼大如五斗奁,长一丈。”郭璞注《尔雅》:“鳣长二三丈。安有鹳雀能胜一者,况三乎?鳣纯灰色,无文章。鳝黄地黑文,故都讲云:‘蛇鳝,卿大夫服之象也。’《续汉书》《搜神记》皆作鳝字。”鲐,海鱼也。[补曰]《货殖传》:“鲐鮆千斤。”《盐铁论》:

“莱黄之鲐”，所谓老人鲐背也。鲍亦海鱼，加之以盐而不干者也。[补曰]《周礼》注：“鲍者，于煏室中糗干之，出于江淮。”《货殖传》：“鲰鲍千钧。”颜注：“鲍，今之鲍鱼也，煏室干之，盖今巴荆所呼鳆鱼是也。(居偃反。)秦始皇载鲍乱臭，则是鲍鱼。而煏室者，本不臭也。煏，蒲北反。”《家语》：“与不善人居，如入鲍鱼之肆。”一作鲃，黄氏注曰：“鲍鱼。”鰕，谓今之海鰕，堪为鲊脯，及所呼鰕米者，又所在水中小鰕，可生啖若爚而食之，皆是也。鰕之大者为鰝。爚，初狡反。鰝音镐。[补曰]虾多须，善游而好跃。《尔雅》：“鰝，大鰕。”注：“出海中，长二三丈，须长数尺，今青州呼鰕鱼为镐。”《南都赋》“驳瑕”。瑕与虾古字通。《说文》：“鰕，魵也。”

妻妇聘嫁赍媵僮。聘，一作娉。媵，以证反，一作賸。

妻者，齐夫之名。妇者，服事舅姑之称。[补曰]《说文》：“妻，妇与夫齐者也。”“妇，服也。”《尔雅》：“子之妻为妇。”《仪礼》：“妇人有三从之义，无专用之道。”聘谓因媒而问也。嫁谓自家而往适人也。[补曰]媒，谋也，谋合二姓。聘，谓昏礼问名。《左传》：“声伯之母不聘。”《内则》：“聘则为妻。”嫁，家也，故妇人谓嫁曰归。《方言》：“女谓之嫁子。”“自家而出谓之嫁。”赍者，将持而遣之也。媵，送女也。僮，谓仆使之未冠笄者也。言妇人初嫁，其父母以仆妾财物将送之也。《篇本》賸字或作媵，音义并同。[补曰]赍，装也，送也。《左传》：“晋人来媵。”《尔雅》：“賸，将送之也。”《广韵》：“媵，送也。又，物相赠。”音与媵同。

奴婢私隶枕床杠。杠音江，叶音工。隶，郎计反。枕，章衽反。

奴婢，男女贱者之称也。隶，附著之义也。私隶者，言属著私家，非给公役者。[补曰]《方言》：“臧、甬、侮、获、奴、婢，贱称也。”隶，仆隶。《左传》：“舆臣隶，隶臣僚。”枕，所以支头也。[补曰]《说文》：“卧所荐首者。”《诗》：“角枕粲兮。”床，所以坐卧也。[补曰]《说文》：“安身之坐者。”《方言》：“床，齐鲁谓之箦，陈楚谓之笫。”《尔雅》：“箦谓之笫。”注：“床板。”《庄子》：“匡床”，注：“正床。”杠者，床之横木也，亦谓之兆。[补曰]《方言》：“床，其杠，北燕朝鲜谓之树，关西秦晋谓之杠，南楚谓之兆，东齐海岱谓之枝樺(音诜)。”床前横也。

蒲蒻蔺席帐帷幢。幢，叶音童。《东京赋》：“树羽幢幢。”音童。蒻，如约反。蔺，里刃反。

蒻，谓蒲之柔弱者也。[补曰]蒲，水草，可以作席。蒻，蒲子，可以为平席。徐锴曰："《尚书》：'敷重底席。'注：'蒻苹。'是也。蒻即根上初生萌叶时壳也。"(音弱。)《周礼》"深蒲"，注："蒲蒻入水深，故曰深蒲。""缫席"，注："削蒲蒻展之，编以五采，若今合欢。"《考工记》注："今人谓蒲本在水中者为弱。"疏引《史游章》，谓："取蒲之本在水者为席。"《礼记》"越席"，注："翦蒲席也。"《诗》："下莞上簟。"笺："莞，小蒲之席也。"《尔雅》注："西方亦名蒲中茎为萬，用之为席。"《楚辞》："蒻阿拂壁。"注："蒻，蒻席也。"蔺，草名也，亦莞音完，又音官。之类也。蒲蒻可以为荐，蔺草可以为席。[补曰]《说文》："蔺，莞属也。"《通释》曰："荔也。一名马蔺。"东方朔曰："文帝莞蒲为席。"荔似蒲而小。《广雅》云："马薤。"《通俗文》云："马蔺。"《子虚赋》注："马荔，今之马蔺。"自上而下覆谓之帐，帐者，张也。在旁蔽绕谓之帷，帷者，围也。形如车盖者谓之幢，言其童童然也。[补曰]《尔雅》："帱谓之帐。"《诗·小星》："抱衾与裯。"笺："裯，床帐也。"《郑志》："今人名帐为裯。"《楚辞》"罗帱"，注："帱，禅帐也。"《周礼》注："在旁曰帷，在上曰幕，四合象宫室曰幄。"《诗》："渐车帷裳。"笺云："帷裳，童容也。"疏："容谓襜车，山东谓之裳帏，或曰童容。以帏障车之傍如裳，以为容饰，故或谓之帏裳，或谓之童容。其上有盖，四傍垂而下谓之襜。"幢，宅江反。《方言》:“关西关东曰幢。”《释名》:“其皃幢幢然也。”《孔子世家》:“夫人在絺帷中。”《列女传·齐孝孟姬》:“使侍御者舒帷,以自鄣蔽。”

承尘户慊絛績緫。慊音廉,一作帘。績,户对反。緫,作孔反,叶子公反。《诗》“素丝五緫”,一作纵。《说文》作纵,足容反。

承尘施于床上,以承尘土,因为名也。[补曰]《周礼》注:“帟承尘。”《楚辞》“朱尘筵”,注:“尘,承尘也。”户慊,户上之幔也。幔,莫半反。字或作帘。黄氏曰:幌慊,帷也。”[补曰]《说文》:“慊,帷也。”《释名》:“慊,廉也,自障蔽为廉耻也。”俗作帘。《风俗通》:“卿大夫帷,士以廉。”《外戚传》:“置饰室中帘南。”注:“帘,户帘。”絛,一名偏诸,织丝缕为之,所以悬系承尘户慊,因为饰也。[补曰]《杂记》注:“紃,若今时絛。”《广韵》:“絛编丝绳也。”《贾谊传》“偏诸”,注:“若今之织成以为要襻及褾领。”《五行志》:“解帷组结佩之。”績,亦絛组之属也,似纂而色赤。[补曰]《曲礼》:“饰羔雁者以績。”注:“績,画也。”《楚辞》注:“纂似组而赤。”《国语》注:“纂,织文也。”緫,以丝缕为之,所以束发也。一曰絨属也,所以缘饰衣裳也。字或作纵,音义皆同。[补曰]《诗》“緫角之宴。”注:“结发也。”“緫角丱兮。”注:“聚两髦也。”《内则》“笄、緫”,注:“緫,束发也,垂后为饰。”《说文》:“緫,聚束也。”又曰:“縱,絨属。”絨,王伐反。

镜籢疏比各异工。籢音廉。疏,所菹反。比,频寐反。

镜籢,盛镜之器,若今镜匣也。黄氏曰:籢即奁也。[补曰]《说文》:“镜,景也。”《后汉》:“明帝视太后镜匳中物。”匳亦作籢,俗作奁。栉之大而粗,所以理鬓者,谓之疏,言其齿稀疏也;小而细,所以去虮虱者,谓之比,言其齿密比也,皆因其体而立名也。栉,侧乙反。虮,居岂反。虱,音瑟。黄氏曰:比音婢,今作枇,细栉也。[补曰]《汉·匈奴传》“比疏”,《史记》作“比余”。《苍颉篇》:“靡者为比,粗者为疏。”《说文》:“梳,理发也。”《广雅》:“比,栉也。”《长杨赋》:“头蓬不暇疏。”《后汉·章帝诸王传》:“头不枇沐。”《玉藻》云:“发晞用象栉。”栉,疏比之緫名。”《诗》:“其比如栉。”各异工者,言施用不同,废一不可也。

芬薰脂粉膏泽筩。筩,大东反。

芬者,蕴糅其质以为香也。薰者,烧取其烟以为香也。一曰:芬薰,总举香草之大称也。

［补曰］芬，芬芳。《说文》："草初生，其香分布。"《离骚》："芬至今犹未迷。"《说文》："薰，香草也。"徐锴按："薰草蘼芜。又《博物志》：东方君子国薰草朝朝生华。"《左传》："一薰一莸。"注："薰，香草。"《山海经》："浮山有草名薰草，（音训。）麻叶方茎，赤华黑实，臭如蘼芜，可以已厉。"《楚辞章句》："菌，薰也。叶曰蕙，根曰薰。"《本草》："薰草，一名蕙。"《广志》云："蕙草绿叶紫茎，魏武以此烧香。"脂谓面脂及唇脂，皆以柔滑腻理也。［补曰］《释名》："脂，砥也，著面软滑如砥石也。"《尔雅》："冰脂也。"《卢公家范》："腊日上澡豆、头膏、面脂、口脂。"《景龙文馆记》："腊日赐口脂。"脂，膏也。粉谓铅粉及米粉，皆以傅面，取光洁也。粉之言分也，研使分散也。［补曰］《虞书》"粉米"，《周礼》"粉餈"。《说文通释》："古傅面亦米粉。《齐民要术》有傅面英粉，渍粉为之。又，红染之为红粉。烧铅为粉，始自夏桀。"《博物志》："烧铅成胡粉。"纣作粉。《吕氏春秋》注："纣作胡粉。"《墨子》："禹造粉。"《太玄》："粉其题頯。"《战国策》："粉白墨黑。"《楚辞》："粉白黛黑，施芳泽。"膏泽者，杂聚取众芳以膏煎之，乃用涂发，使润泽也。筒者，本用竹筒，其后转用金玉杂物写竹状而为之，皆所以盛膏泽者也。［补曰］《诗·伯兮》："岂无膏沐。"《国语》："鲁遣展喜以膏沐劳齐师。"膏所以膏首面。

《列子》云:"施芳泽。"《史记》:"淳于髡曰:'罗襦襟解,微闻芗泽。'"《淮南子》:"不待脂粉芳泽而性可说者,西施、阳文也。"

沐浴揃搣寡合同。揃音翦。搣音威。

濯发曰沐,澡身曰浴。濯,直角反。澡,子老反。[补曰]《礼记》注:"浴用汤,沐用潘。""潘,米汁也。"《夏小正》:"五月畜兰,为沐浴也。"揃搣,谓鬄拔眉发也,盖去其不齐整者。揃,即浅反。搣,亡列反。鬄,吐计反。去,丘吕反。黄氏曰:揃搣,洎须发也。[补曰]《庄子·外物篇》:"揹搣可以休老。""揹,子斯反,(音咨。)亦作揃。"《三苍》云:"揃犹翦也,灭亦作搣。"《说文》《字林》云:"批也。"批,侧氏、千米反。"《广韵》:"搣,手拔也。"寡,少也。寡合同者,言其妍瀞,才性反。少对偶也。[补曰]妍,净也。净,无垢也。

襐饰刻画无等双。襐音象。画,胡卦反。双,叶所终反。《诗·南山》双叶庸、从。

襐饰,盛服饰也。黄氏曰:襐,未笄冠之首饰。[补曰]《汉·平帝王后传》:"令孙建世子襐饰。"注:"盛饰也。一曰首饰,在两耳后,刻镂而为之。"刻画,裁制奇巧也。无等双,亦名殊绝,异于众也。

裁，在代反。[补曰]《释名》："画，挂也，以五色挂物象也。"等，类也。双，偶也。

系臂琅玕虎魄龙。

琅玕，火齐珠也，一曰石之似珠者也。齐，材诣反。补曰《列女传》："连大珠为系臂。"《禹贡》："雍州贡琅玕。"《尔雅》："昆仑虚琅玕。"《本草》注："流离之类。"《说文》："似珠者。"《符瑞图》："百珍宝用则琅玕景。"《山海经》："昆仑山有琅玕树。"《韵集》："玫瑰，火齐珠也。"言以虎魄为龙，并取琅玕系著臂肘，取其媚好且珍贵也。[补曰]《山海经》："枫脂入地，千年化为虎魄。"《广雅》："虎魄生地中，其上及旁不生草，深者八九尺，大如斛，削去皮，成虎魄，如斗。初时如桃胶，凝坚乃成。"《博物志》曰："松脂沦入地，千年化为茯苓，茯苓千岁，化为虎魄。"篇本龙字或作龏字，盖谓以玉为龙者也。[补曰]玲珑，玉声。《说文》："珑，祷旱玉，龙文。"龏即珑字。《唐明皇杂录》"有玉龙长数寸"。

璧碧珠玑玫瑰瓮。玫音枚。瑰音回。瓮，《广韵》於容反，音容，一作甕。

璧，玉璧也。肉倍好谓之璧。肉谓外边之质，好谓孔子，言质大而孔小居一倍也。好音耗。

[补曰]璧有垂棘、和氏。肉，璧之身，好，其孔也。《说文》：“璧，瑞玉圜也。”碧，缥玉也。[补曰]《说文》：“碧，石之青美者。”《子虚赋》注：“碧谓玉之青白色者。”《山海经》：“耿山，多水碧。”《广志》曰：“碧有缥碧，有绿碧。”圆者曰珠，不圆曰玑，皆蚌平项反。之阴精也。[补曰]《国语》：“珠御火灾。”《禹贡》：“淮夷蠙珠。”“荆州厥篚玑组。”《符瑞图》有“玑镜”。李斯《书》：“宛珠之簪，传玑之珥。”玫瑰，美玉名也。[补曰]《说文》：“火齐玫瑰也。”今南方出火珠。《异物志》：“火齐如云母，色黄。一曰石之美者。”《史记·司马相如传》注：“玫瑰，石珠也。”《说文通释》：“火齐象珠，赤色，起之层层各异。”以美玉为瓮。瓮，汲瓶也。言既带珠璧，又服玫瑰之瓮，备众宝也。今俗人以杂宝为鐪之属，带于婴儿颈下，此古之旧事欤？《春秋左氏传》所云“鞶鉴”及“瑶瓮”，皆其类也。鞶音盘。瑶音遥。或曰珠之尤精者曰玫瑰。[补曰]注误以琅玕为火齐，故玫瑰止谓之珠。鐪即榼字，苦盍反。《荀子》曰：“处文婴宝珠。”注：“婴，系于颈也。”

玉玦环佩靡从容。玦，古穴反，一作瑂，武巾反。从，七容反。

肉好若一谓之环，言孔及质广狭丰杀所例

反。正相齐也。[补曰]《尔雅》"环",注:"孔边适等。"《孔子世家》:"环珮玉声璆然。"《列女传》:"齐孟姬曰:'进退则鸣玉环珮。'"《世本》:"舜时西王母献白环及佩。"半环谓之玦。[补曰]玦,如环而有缺。《白虎通》:"君子能决断则佩玦。""赐之环则反,赐之玦则去。"《庄子》:"缓佩玦者,事至而断。"隽不疑"佩环玦",注:"环,玉环也。玦,即玉佩之玦也。"衡、璜、音黄。琚、音居。瑀、音禹。毕、冲牙之佩。[补曰]《诗》:"杂佩以赠之。"注:"珩、璜、琚、瑀、冲牙之类。"珩,佩之上横者,下垂三组,贯以蠙珠,璜如半璧,系两旁之下。琚如圭,两端正方,在珩璜之中。瑀如大珠,在中组之半,别以珠贯,下系于璜而交贯于瑀,复上系珩之两端。冲牙如牙,两端皆锐,横系于瑀下,与璜齐,行则冲璜出声。《大戴礼·保傅篇》:"佩玉,上有双珩,下有双璜,冲牙、蠙珠以纳其间,琚瑀以杂之。"《书传》:"后夫人鸣佩玉于房中。"杜钦曰:"佩玉晏鸣,《关雎》叹之。"玦,一作瑎,美石次玉。《聘义》:"君子贵玉而贱瑎。"《玉藻》云:"士佩玫。"玫亦美珉。靡者,顺美之称也。从容,言行止有节度者也。[补曰]《玉藻》云:"古之君子必佩玉,右徵角,左宫羽,趋以《采齐》,行以《肆夏》,周还中规,折还中矩,进则抑之,退则扬之,然后玉锵鸣也。"玉,《说文》本作王,隶加点以别王字。

射魃辟邪除群凶。射，食亦反。魃音奇，巨宜反。辟音壁。

射魃、辟邪，皆神兽名也。魃，小儿鬼也。射魃，言能射去魃鬼。[补曰]《东京赋》“魃蜮”，注：“魃，小儿鬼。”《说文》：“魃，鬼服。”《韩诗传》：“郑交甫逢二女叶服。”奇寄反。辟邪，言能辟御妖邪也。[补曰]《考工记》：“钟旋”，注：“今时旋有蹲熊、盘龙、辟邪。”《汉书·西域传》注：“桃拔，一名符拔，似鹿，长尾，一角者或为天鹿，两角者或为辟邪。”《续·舆服志》：“皇后步摇以黄金为山题，贯白珠为桂枝相缪，八爵九华，熊、虎、赤罴、天鹿、辟邪、南山丰大特六兽。”公主封君皆黄金辟邪。南阳宗资碑旁有两石兽，镌其膊，一曰天禄，一曰辟邪。谓以宝玉之类，刻二兽之状以佩带之，用除去凶灾，而保卫其身也。[补曰]《杜阳编》有“香玉辟邪”。一曰：射魃，谓大刚卯也，以金玉及桃木刻而为之。一名毅改，其上有铭，而旁穿孔，系以彩丝用系臂焉，亦所以逐精魅也。毅，音该。改，弋亥反。此改字从巳，巳，弋止反。改更之改字从己，己，居拟反。魅音媚。[补曰]《续汉志》：“佩双印，刻书，文曰‘正月刚卯既决，灵殳’，凡六十六字，以正月卯日作。”《说文》：“毅改，大刚卯也，以逐精鬼。”齐桓公出游，遇一丈夫，褒衣应步，带著桃殳，公怪问之。曰：“是名二桃，桃之为言亡也，夫日日慎桃，何患之有？故亡国之社以戒诸侯。人之戒在于桃殳。”公说其言，与共载。来年正月，庶人皆佩。

竽瑟空侯琴筑筝。竽音于，筑音竹。筝，一作铮。

竽，笙类也，列管瓠中，施簧管端，宫管在中央，三十六簧。［补曰］《周礼》：“笙师教龡竽。”《韩子》曰：“竽者，五声之长。竽先则钟瑟皆随，竽唱则诸乐皆和。”《荀子》：“调竽奇声。”注：“竽八音之首，黄帝使伶伦取竹作管，是竹为音声之始。”《庄子》天籁地籁，亦其义也。瑟，庖牺氏所作也，长七尺二寸，二十七弦，今则二十四。大瑟谓之洒，山尔反。长八尺一寸，广尺八寸者也。［补曰］《乐记》：“青庙之瑟，朱弦疏越。”《尔雅》疏：“《礼图》：‘雅瑟二十三弦，常用者十九弦，颂瑟二十五弦，尽用之。’”《吕氏春秋》：“帝尧为十五弦之瑟，舜益之八弦，为二十三弦之瑟。”空侯，马上所弹也。一名坎侯。［补曰］《释名》曰：“空侯，师延所作，靡靡之音。”“段安节《乐府录》：‘以其亡国之声，故号空国之侯。’”“亦曰坎侯。”吴兢《解题》云：“汉武依琴造坎侯，言坎坎应节也。”案《史记·封禅书》云：“公孙卿言：‘太帝使素女鼓五十弦瑟，悲，帝禁不止，故破其瑟为二十五弦。于是武帝益召歌儿，作二十五弦及空侯。'”应劭曰：“帝令乐人侯调始造此器。”《郊祀志》言“空侯瑟自此起”，《续汉书》云“灵帝作”，非也。琴，神农所作也，长三尺六寸六分。五弦，曰宫、商、角、徵、羽，周文王增二弦，曰少式劭反。宫、少商。大琴谓之离，二十七弦者也。[补曰]《说文》：“神农作，洞越练朱五弦，周加二弦。”一云文武二王所加。《楚辞》：“伏羲《驾辩》。”伏羲作琴，始造此曲。《山海经》：“帝俊生晏龙，是为琴瑟。”《乐记》：“舜作五弦之琴，以歌南风。”古琴今有五曲、十二操、九引。《白虎通》：“琴，禁也，以禁止淫邪，正人心也。”筑，形如小瑟而细颈，以竹击之。[补曰]高渐离善击筑。汉高帝击筑歌《大风》之诗。应劭曰：“状似琴而大，头安弦。”《通典》：“筑不知谁造。”“似筝，身长四尺三寸，项长三寸，围四寸五分。”《隋志》：“筑，十二弦。”筝亦瑟类也，本十二弦，今则十三。[补曰]《隋志》：“筝，秦声，蒙恬所作。”《集韵》：“筝，秦人薄义，父子争瑟而分之，因为名。古以竹为之。”

钟磬鞀箫鼙鼓鸣。鞀，徒刀反。鼙，一作鞞，部迷反。《佩觿》云：“鼙从㕛，从支、从皮皆非。”

钟则以金，磬则以石，皆所用合乐也。古者倕作钟，毋句作磬。大钟谓之镛，中者谓之剽，小者谓之栈。大磬谓之馨。[补曰]《吕氏春秋》:“黄帝命伶伦铸十二钟。”《山海经》:“炎帝孙鼓延始为钟。”《明堂位》:“垂之和钟,叔之离磬。”《虞书》“笙镛以间”,《商颂》作庸,《周雅》“贲鼓维镛”。《尔雅》注:“大钟亦名鑮。”(音博。)《书》:“鸣球”,“玉磬也”,“击石拊石”,“泗滨浮磬”,石磬也。倕音垂。毋音无。句音钩。剽音瓢,频遥反。栈,侧限反。馨,虚骄反。鞀,贯把鼗也,摇而鸣之。大者谓之麻,小者谓之料。把音霸。料,洛尧反。[补曰]《周礼》注:“鼗如鼓而小,持其柄摇之,旁耳还自击。”《淮南子》:“武王有戒慎之鞀。”鞀,小鼓著柄,亦作鞉。《周颂》:“鞉磬。”《商颂》:“置我鞉鼓。”《尔雅》注:“麻者音概而长,料者声清而不乱。”箫,一名籁,编管而列之,参差象凤翼也。大者二十四管,长一尺四寸谓之言。《广韵》作管。小者十六管,长尺二寸谓之筊。胡交反。[补曰]《风俗通》:“舜作箫。”《书》:“箫韶九成。”孔氏注:“言箫,见细器之备。”《楚辞》:“吹参差兮谁思。”《诗》:“箫管备举。”《周礼》注:“箫,编小竹管,如今卖饴饧所吹者。”无底而善应谓之管,有底而交鸣谓之筊。《三礼图》:“雅箫,二十四管。”《广雅》:“大者二十四管。”《尔雅》注、《释名》:“二十三管。”鼙,骑鼓也,其形似鞀而庳薄。骑,其寄反。庳音婢。黄氏曰:“鞞即鼙字,骑上鼙。”补曰《吕氏春秋》:“帝喾有倕作为鼙鼓。”《宋·乐志》:“小鼓有柄曰鞀,大鞀谓之鞞。”《月令》:“仲夏,修鞀鞞。”是也。《大射礼》有应鼙、朔鼙。《大司马》“振旅,师帅执提”,“谓马上鼓”,“旅帅执鼙”,“大阅、中军以鼙令鼓”。《司马法》:“鼙声不过阘。”《释名》:“鼙,裨也,裨助鼓节也。”鼓之言郭也,张郭皮革而为之也。大者谓之鼖,扶云反。小者谓之应。[补曰]《世本》:“巫咸作鼓。”《明堂位》:“夏鼓足,殷楹鼓,周县鼓。”《周礼》:“六鼓:雷、灵、路、鼖、鼛、晋。”“鼖,长八尺”,鼛寻有四尺,是大鼓也。应鼓,应鼙也。徐锴曰:“郭者,覆冒之意。”

五音总会歌讴声。总,一作集。讴,乌侯反,一作德。

五音,宫、商、角、徵、羽也。声成文谓之音。[补曰]《尔雅》:“宫谓之重,商谓之敏,角谓之经,徵谓之迭,羽谓之柳。”《乐记》:“宫为君,商为臣,角为民,徵为事,羽为物。”《月令》:“五声始宫,宫数八十一,最浊,君象也。三分徵益一以生商,数七十二,浊次宫,臣象也。三分羽益一以生角,数六十四,清浊中,民象也。三分宫去一以生徵,数五十四,徵清,事象也。三分商去一以生羽,数四十八,最清,物象也。数多者浊,数少者清。浊者尊,清者卑。大不过宫,细不过羽。”会谓金、石、丝、竹、匏、土、革、木总合之也。

［补曰］《舜典》："八音克谐，无相夺伦。"《楚辞·九歌》云："五音纷兮繁会。"长言谓之歌，齐歌谓之讴。［补曰］《舜典》："歌永言。"《楚辞》："吴歈蔡讴。"歌，咏也。讴，吟也。

倡优俳笑观倚庭。倚作伎。咲作笑。俳音排。

倡，乐人也。优，戏人也。俳谓优之亵狎者也，笑谓动作云为皆可笑也。倚，立也。观倚庭者，言人来观倡优，皆倚立于庭中也。倚字或作伎，谓观俳倡之伎于庭中也。亵，先列反。伎，渠绮反。［补曰］《国语》曰："优笑在前。"注："倡俳也。"《史记》："楚之铁剑利而倡优拙。"《周礼》注："散乐若今黄门倡。"《礼乐志》："黄门名倡丙疆、景武之属。"优，谐戏者也。《滑稽传》优孟、优旃。东方朔诙笑。

侍酒行觞宿昔酲。

侍酒，谓侍坐才卧反。而饮酒也。行觞，传觞也。一曰侍酒，佐酒也。行觞，使佐酒者行觞也。［补曰］《韩诗说》："总名曰爵，其实曰觞。觞者，饷也。"《史记·魏公子传》："赵王侍酒至暮。"《高帝纪》："悉召故人父老子弟佐酒。"注："助行酒。"《礼记·投壶》："命酌，曰请行觞。"《博物志》："行酒为行觞。"秦之遗也。昔,夜也。病酒曰酲,直贞反。谓经宿饮酒,故致酲也。[补曰]《穀梁传》:"日入至于星出谓之昔。"《左传》:"为一昔之期。"《诗》注:"一宿曰宿。"

厨宰切割给使令。力呈反。

厨,庖屋也。宰,主烹饪者。[补曰]《左传》:"宰夫和之,齐之以味。"《公羊传》注:"膳宰,主宰割般膳者,若今大官宰人。"烹,煮也。饪,熟食。饪,入甚反。脔牒曰切,胖解曰割。给,供也,主供此使役也。脔,力转反。牒,直辄反。《说文》:"薄切肉也。"胖,普半反。[补曰]《周礼·内饔》"掌割烹",注:"割,肆解肉也。"肆,托歷反。"掌共膴胖",注:"膴,牒肉大脔。""胖,如脯而腥者。"膴,火吴反。司马相如赋:"脟割","脟与脔同,割也"。

薪炭萑苇炊孰生。萑,户官反,一作雚。孰,一作熟。

取木而然之曰薪。木之已烧者曰炭。[补曰]《说文》:"薪,荛也。"《月令》:"季秋草木黄落,乃伐薪为炭。"薍为萑,谓荻也。薍,五患反。荻音敌。其新生者曰菼。他览反。葭为苇,谓芦也。葭音加。芦音卢。二者亦薪之类,可然燎也。[补曰]

《周礼》注："萑，如苇而细者。"《尔雅》："菼，薍。"注："似苇而小，实中，江东呼为乌蓲，音丘。"《月令》："季夏，命泽人纳材苇。"炊孰生者，谓烝煮生物，使之烂孰也。

膹脍炙胾各有形。膹，房吻反。脍，古外反。炙，之夜反。胾，侧吏反。

膹，粗切生肉也。脍，细切生肉也，亦或以鱼。黄氏曰：膹音愤，切孰肉也。［补曰］《说文》："膹，臛也。"《内则》："肉腥，细者为脍，大者为轩。"注："大切细切异名。"庶羞有牛脍、鱼脍。《少仪》："牛与羊鱼之腥，聂而切之为脍。"东方朔曰："生肉为脍，干肉为脯。"《诗》："脍鲤。"《论语》："脍不厌细。"炙，谓炙之于火上也。炙音之弋反，其字从夕火。炙胾之炙，之夜反，其字从肉。［补曰］《周书》曰："黄帝始燔肉为炙。"《曲礼》："脍炙处外。""毋嘬炙。"《内则》："牛、羊、豕炙。"《孟子》："耆秦人之炙。"《左传》："行爵食炙。"胾，大脔也。［补曰］《诗》："毛炰胾羹。"《曲礼》："左殽右胾。""延客食胾，然后辩殽。"注："胾，切肉也。"《史记》："景帝召条侯，赐食，独置大胾，无切肉。"《易》："噬干胏。"肉之带骨者，与胾通。《特牲馈食礼》："四豆：膮、炙、胾、醢。"《内则》：牛胾、羊豕胾。各有形，言别异不同也。

酸醎酢淡辨浊清。酢音醋。黄本仓故反。

言饮食众品,滋味各别,清浊异宜也。大酸谓之酢。平一作味。薄谓之淡。[补曰]醎,水味。酸,木味。咸,盐也,酸,酢也,以酢浆烹之为羹也。《楚辞》:“大苦醎酸,辛甘行。”“和酸若苦,陈吴羹。”注:“醎,一作咸。”北方味也。酢,醶也,俗作釅。《表记》注:“淡,无酸酢,少味。”《汉书》注:“淡谓无味之食。”《说文》:“关东谓酢曰酸。”

肌䏶脯腊鱼臭腥。䏶音弱。

肌,肉也。[补曰]肌,肤也。祭有肤鼎,肉之柔脆者。《少牢馈食礼》:“雍人伦肤。”肉表皮里曰䏶。而灼反。《说文》云:“肉表革里。”黄氏曰:“䏶,脆腝也。”膊而干者谓之脯,合骨全干一作节。谓之腊。膊,普各反。[补曰]《周礼·腊人》注:“薄析曰脯,捶而施姜桂曰腶脩。腊,小物全干。”《易》曰:“噬腊肉。”谓兽腊全体骨为之。《货殖传》曰:“胃脯。”“谓沸汤浔羊胃,末椒姜坋之,暴燥。”《说文》:“脯,干肉也。”“膊,薄脯膊之屋上。”《论语》“束脩”,谓十脡脯。《曲礼》:“以脯修置者,左朐右末。”《少牢礼》:“雍人陈鼎五:羊、豕、肤、鱼、腊。”腥者,鱼之臭。[补曰]《说文》:“鮏,鱼臭也。”

酤酒酿醪稽极程。酤音沽。醪音劳。极，一作檠。今按：稽极当作稽棷，音止矩。

买酒曰酤。醖之曰酿。汁滓酒曰醪。醖，於问反。[补曰]《诗》：“无酒酤我。”《论语》：“酤酒不食。”《说文》：“作酒曰酿。”醪，浊酒。《周礼·酒正》“泛齐”，注云：“成而滓浮泛泛然，如今宜成醪。”疏云：“宜成，地名。”曹植《酒赋》：“宜成醴醪。”马融以为宜成酒名。《爰盎传》：“买二石醇醪。”稽，分也。极，尽也。言所饮之酒，或酤或酿，皆欲作经分，然后成熟，极尽功程，乃为善也。[补曰]稽极，一作稽檠。按《说文》：“稽棷，止也。一曰木名，从禾。”“木之曲头，止不能上也。”《通释》云：“稽棷，诎曲不伸之意。《字书》：‘曲枝果也。’其状诘屈，取此为名。”《本草》：“枳椇树径尺，叶似桑柘，子作房，似珊瑚，核在其耑。”江南谓之木蜜。其木近酒能薄酒味，即稽棷也，奇之、己俱两反。盖象枳椇之诎曲，为酒经程，寓止酒之义。殷组亦以椇似椇之曲。椇亦作枸。《诗》“南山有枸”，注：“枳枸。”《韩诗外传》：“齐桓公置酒，令诸侯大夫曰：‘后者饮一经程。’管仲后，当饮一经程，饮其半而弃其半。”《说文》：“程，品也。”又陶器有酒经，晋安郡人饷酒云：“一经二经至五经。”古者仪狄作酒醪，禹尝而美，遂疏仪狄。杜康又作秫酒。[补曰]《说文》：“少康初作秫酒，杜康也。”《战国策》：

"禹疏仪狄,绝旨酒,曰:'后世必有以酒亡其国者。'"《孟子》:"禹恶旨酒。"

棋局博戏相易轻。易,以豉反。

棋局,谓弹棋围棋之局也。博亦局戏也。十二棋,六箸。丈虑反。古者乌曹作博。[补曰]《方言》:"簙,秦晋谓之簙,吴楚谓之蔽,或谓之棋,所以投簙谓之枰,所以行棋谓之局,或谓之曲道。围棋谓之弈。"《楚辞》:"篦蔽象棋,有六簙。""篦音昆,竹名。"蔽,一作蔽。《博雅》云:"投六箸,行六棋,故为六簙。"傅玄《弹棋赋叙》曰:"汉成帝好蹴踘,刘向以为劳体竭力,非至尊所宜御,乃因其体作弹棋。"平原女子迟昭平能说经博以八投。晋陶侃尝检校佐吏,得樗蒱、博弈之具,投之,曰:"樗蒱,老子入胡所作,外国戏耳。围棋,尧舜以教愚子。博弈,纣所造。诸君国器,何以为此。"《说文通释》曰:"棋者,方正之名,古通谓博弈之子为棋,故樗蒱之子用木为之也。"《左传》:"弈者举棋不定。""博局外有垠堮周限也。"凡人相与为棋博之戏者,因有争心,则言辞轻侮,失于敬让,故曰相易轻也。[补曰]易,相轻慢也。

冠帻簪簧结发纽。帻音责。簧一作黄。

冠者,冕之总名,备首饰也。帻者,韬发之

巾，所以整嫧发也。常在冠下，或但单著之。冠、帻，非一称也。韬，吐高反。嫧，初责反。［补曰］冠，首饰。《说文》："豢也，所以豢发。"《世本》："黄帝作冕。"冕，俛也，后高前下，有俛俯之形。夏毋追，殷章甫，周委貌，俱用缁布，而其形殊。《士冠礼》注："缁布冠，今小吏冠其遗象也。"《诗》云："缁撮"，"无笄者箸頍，今未冠笄者箸卷帻。頍，象也。滕、薛名蔮为頍。"蔮，古内反。《说文》："发有巾曰帻。"《方言》："覆结谓之帻巾，或谓承露。"《续汉志》："童子帻无屋，示未成人也。"刘盆子"半头帻"，"即空顶帻也"。蔡邕《独断》："帻者，古之卑贱不冠者之所服也。"董偃绿帻傅韝，元帝额有壮发，不欲使人见，始进帻服之，群臣皆随焉，然尚无巾，如今半头帻而已。王莽无发，乃施巾，语曰："王莽秃，帻施屋。"簪，一名笄。簧，即步摇也。笄，工奚反。摇，式昭反。［补曰］《释名》："皇后首饰，上有垂珠，步则摇之。"《续汉志》："皇后步摇，以黄金为山题，贯白珠。"周冕：天子"玉笄、朱纮"。《诗》"副笄六珈"，注："副，后夫人首饰，编发为之。笄，衡笄也。珈，笄饰。"笺云："副，既笄而加饰，如今步摇上饰。"《士冠礼》注："笄，今之簪。"《史记》："赵使欲夸楚，为玳瑁簪。"《周礼》注："副以覆首为饰，其遗象若今步繇。"疏："谓在首之时，行步繇动。"簧，未详，疑是簂字。簂，古诲反。《后汉·乌桓传》："中国有簂步摇。"注："簂，妇人首饰也，或为帼。"《志》作簂。结发，谓作结也。纽，谓结之鬠也，凡结之可解者曰纽。鬠，丘位反。[补曰]作结音髻，绾发也。鬠，屈发。髻，总发也。《周礼》注："编者，编列发为之，其遗象若今假紒也。"《士昏礼》注："纚韬发。"《说文》："髤簪结也。"解，古拜反。《广韵》："髻，假髻。"髻音副。《续汉志》："皇后假髻，步摇，簪珥。"

头额頞𩑰眉目耳。 頞音遏。𩑰，之劣反，一作准。眉，一作麋。耳齿叶纽韵，《诗·旄丘》以叶久，《伐木》簋叶舅，《甫田》耔叶亩，《有駜》子叶有，《离骚》芷叶晦，古韵通。《汉·叙传》始叶有。

头者，首之总名也。额，頟也。[补曰]《方言》："中夏谓之额，东齐谓之頟。"《释名》："额，鄂也，有垠堮也。"《说文》作额。頞，鼻茎也。[补曰]《孟子》："疾首蹙頞。"𩑰，两颊之权也。[补曰]《战国策》："准额权衡。"《史记》："高祖隆准。"服虔曰："准音拙。"应劭曰："颊权准也。"许负云："鼻头为准。"《广韵》："𩑰，面秀骨。"眉，在目上之毛也。[补曰]眉，《荀子》《太玄》作麋，《说文》作眉。目，眼也。耳，主听者也。[补曰]《淮南子》"尧眉八彩""舜二瞳子""禹耳参漏"。《说卦》："乾为首，坤为腹，震为足，巽为股，坎为耳，离为目，艮为手，兑为口。"《国语》:“耳目,心之枢机也。”

鼻口唇舌龂牙齿。龂,鱼斤反,音垠。齿,叶音口。

鼻,所以引气也。口,所以言食也。唇,口端也。[补曰]《荀子》:“鼻辨芬芳腥臊。”《孟子》:“口之于味也”,“鼻之于臭也”。《左传》:“唇亡齿寒。”舌主知味,又所以言也。龂,齿根肉也。[补曰]《易》:“咸其辅颊舌。”《太玄》:“琢齿依龈。”与龂同。《说文》:“龂,齿本也。”牡齿曰牙。齿者,总谓口中之骨,主齰啮者也。齰,仕客反。啮,五结反。[补曰]傅玄《口戒》曰:“病从口入,祸从口出。”《晋语》:“史苏占之曰:‘遇兆,挟以衔骨,齿牙为猾。’”男八月而齿生,八岁而龀,女七月而齿生,七岁而齓。

颊颐颈项肩臂肘。颈,居郢反。肘,知有反。

面两旁曰颊。下颔曰颐。[补曰]《方言》:“南楚谓之颔,秦晋谓之颔。”颐,《易》:“颐中有物曰噬嗑。”“观我朵颐。”颈,头茎也。项,谓颈后头下也。肩,髆音博。也。臂,手上也。[补曰]《孟子》:“失其肩背。”《太玄》:“何福满肩。”贾谊曰:“如身之使臂，臂之使指。”臂，肱也。肘，臂曲节也。［补曰］《家语》：“舒肘知寻。”肘，寸口手腕动脉处也。《弟子职》：“亦有据膝，毋有隐肘。”

卷捥节爪拇指手。卷，一作拳，巨负反。捥，一作腕，乌贯反。爪，一作搔。拇，莫后反。

卷，谓掌握也。［补曰］《史记·孙子传》：“控卷”，“即拳也”。《淮南子》：“攘卷。”《广韵》：“拳，屈手也。”《广雅》云：“拳拳，奉持之貌。”腕，手臂之节也。［补曰］字又作捥、掔。《史记》：“搤捥自言。”《汉书》：“搤掔游谈。”《考工记》注：“齐人名手足掔为骹。”节，众指之节也。爪，指甲也。［补曰］《说文》：“覆手曰爪。”古文作叉，手足甲也，亦作蚤。《荀子》：“争利如蚤甲。”拇，大指也，一名将指。指，总谓众指也。将，子亮反，又读如本字。［补曰］《易》：“咸其拇。”《仪礼·乡射》疏：“第三指为将指。”《左传》：“阖庐伤将指。”注：“足大指。”《春秋正义》：“手五指之名曰巨指、食指、将指、无名指、小指。小指亦曰季指。”及掌谓之手。［补曰］《内则》：“子能食食，教以右手。”“男拜尚左手。”“女拜尚右手。”注：“左阳右阴。”

胂胦胸胁喉咽髃。胂音身，以人反。胸，一作匈。胁,一作腕,音宛。咽音烟。髃音偶。

胂,夹脊肉也。[补曰]胂,脢也。《易》:“咸其脢。”“脊肉。”《广雅》云:“胂谓之脢。”腴,腹下肥也。胸,膺上也。胁,肋音勒。旁也。[补曰]《说文》:“两膀也。”晋文公骈胁。喉即喉咙。咽,所以吞咽一见反。物也。[补曰]《诗》:“王之喉舌。”《韩诗外传》:“喉咽者,量肠之府。”《后汉》:“童谣:‘请为诸君鼓咙胡。’”《说文》:“喉,咽也。”“咽,嗌也。”“咙,喉也。”髃,肩前也。[补曰]《诗》传:“上杀中髃。”

肠胃腹肝肺心主。

肠,大小肠也。胃,穀府也。[补曰]《韩诗外传》:“大肠者,转输之府。小肠者,受成之府。”《释名》:“肠,畅也,通畅胃气也。”《素问》:“脾胃,仓廪之官。”“胃者,水穀之海。”《白虎通》:“大小肠,心之府,肠为胃纪,胃为脾府,心为支体心,故有两府。”腹者,肚音杜。之总名,谓之腹者,取厚为义也。肝,木藏也。肺,金藏也。[补曰]《诗》:“自有肺肠。”《文子》曰:“肝为雷”,“肺为气”。心,火藏也。主者,言心最在中央。为诸藏之所主。藏,徂浪反。[补曰]《荀子》曰:“心居中,虚以治五官,是之谓天君。”《太玄》:“藏心于渊,美厥灵根。”《素问》:“心者,君主之官,神明出焉。”《通释》:“心者,人之本也,身之中也。"《汉志》:"貌言视听,以思为主。"

脾肾五藏膍齐乳。膍音鼙,又音毗,一作肥。肾,时忍反。齐,一作脐。

脾,土藏也。肾,水藏也。五藏,总谓脾、肺、肝、心、肾也。[补曰]《素问》:"肾,作强之官。"《文子》曰:"肝为风,肾为雨。"膍齐,即毗齐也。毗,步迷反。[补曰]《说文》:"䐡,毗䐡也。"《广韵》作"脾脐"。《左传》:"后君噬脐。"乳。[补曰]《淮南子》:"文王四乳,是谓大仁。"《素问》:"膻中在两乳间,为气海。"

尻髋脊膂腰背吕。尻,苦高反。髋音宽。吕,一作偻。

尻,脽也。脽音谁。[补曰]《东方朔传》:"尻益高","连脽尻"。注:"脽,臀也。"《说文》:"尻,脾也。"髋,髀上也。髀音陛,又必尔反。黄氏曰:髋,两股间。[补曰]贾谊曰:"髋髀之所,非斤则斧。"注:"髀,股骨也。"膂,夹脊内肉也。吕,脊骨也。[补曰]要,身中也,今作腰。背,脊也。《诗》:"旅力方刚。"《秦誓》:"旅力既愆。"旅与膂同。《易》:"艮其背。"《广韵》:"吕,太岳为禹心吕之臣,故封吕侯。"《易》:"艮其限,列其夤。"限,身上下之际,即腰胯也。夤,膂也。

股腳膝膑胫为柱。膑音牝，一作髌。胫，户定反。腳，一作脚。

股，髀肉也。［补曰］胫本曰股。《易》："咸其股。"腳，足也。［补曰］《东方朔传》："结股腳。"《说文》："胫也。"膝，胫头节也。膑，膝盖也。胫，胻骨也。胻音衡，下更反。黄氏曰：膑，膝盖骨。膝，一作厀。［补曰］古膑刑去膝。《说文》："髌，膝专也。""胻，胫专也。"《史记·龟策传》："壮士斩其胻。"为柱者，言在髋髀之下，总载众支，如屋之有柱也。

踌踝跟踵相近聚。踌，一作踹，并时兖反。踝，户把反。跟音根。近，其靳反。

踌，腓音肥。肠音长也，字或作腨，其音亦同。［补曰］《易》："咸其腓。""艮其腓。""腓，足肚，行则先动。"郑云："膊肠也。"膊，市离反。《说文》："腨，腓肠也。"脚胫后腹也。昌软反。踝，足之内外踝也。足后曰跟，亦谓之踵。跟犹根也，下著于地，如木根也。踵者，钟也，上体任之，力所钟聚也。［补曰］《庄子》："真人之息以踵"，"机发于踵"。《孟子》："摩顶放踵。"著，直略反。相近聚者，踌踝及跟踵不离逖也。［补曰］《风俗通》曰："涉始于足，足率长十寸，十寸则尺。一跃三尺，法天地人，再跃则涉。"

矛鋋镶盾刃刀钩。鋋，时连反。镶音襄，又音攘。盾，竖尹反，一作楯，音矩。

矛，酋在由反。矛也，长二丈。［补曰］《方言》："或谓之鍎丸。矛骹细如雁胫者谓之鹤膝。"上大下小。《诗》"厹矛"，"三隅矛也"。《周礼》："车之五兵"有"酋矛""夷矛"，"酋矛常有四尺，夷矛三寻"。《说文》："酋矛建于兵车。"《吴越春秋》：越以"屈卢之矛"献吴。鋋，铁把小矛也，江淮吴越或谓之鍦。把音霸。鍦，式支反，音施。［补曰］《方言》："鋋音蝉，或谓之鏦。"《晁错传》："矛鋋之地，长戟二不当一。"《西京赋》："鋋不苟跃。"《吴都赋》："藏鍦于人。"镶者，亦刀剑之类，其刃却偃而外利，所以推攘人羊反。而害人也。［补曰］钩镶，兵器。盾，一名瞂，亦谓之干，即今旁排也。瞂，音伐。黄氏曰：盾作楯。［补曰］《诗》："蒙伐有苑。"注："伐，中干也。""橹是大盾，故以伐为中干。"《说文》："盾，以捍身蔽目。"《山海经》："有兽载瞂。"《方言》："盾，关东谓之瞂，或谓之干，关西谓之盾。"《释名》："盾，遁也，跪其后避之以隐遁也。""彭排，军器也。彭，旁也，在旁排敌御攻也。"《周礼》"司兵掌五盾"，注："干橹之属，其名未尽闻。"疏云："朱干。中干及橹，其二未闻。"《诗》："龙盾之合。"盾所以蔽身。《国语》："文犀之渠。""谓楯也。"《韩子》曰："赵简子犀楯、犀橹。"《左传》:"乐祁献杨楯。"刃,总言诸兵刃也。刀,大小众刀也。[补曰]《考工记》:"桃氏为刃。"注:"大刃,刀剑之属。"又曰:"铄金以为刃。""郑之刀。"周鲁宝赤刀孟劳。钩,亦镶属也,形曲如钩而内利,所以拘牵而害人也。黄氏曰:钩,兵器。[补曰]《汉书》:"韩延寿铸钩镡",注:"钩似剑而曲,所以钩杀人。"《广韵》:"剑属。"《吴都赋》:"吴钩。"注:"《越绝书》曰:'阖闾命国中作金钩。'"

鈒戟铍镕剑镡鍭。鈒,色入反。戟,一作鍬。铍音披。镡音淫,又音寻,又徒南反。鍭音侯。

鈒,短矛也。戟,枝刃之矛也,楚谓之孑。古薛反。黄氏曰:鈒音涩,戟也。[补曰]《说文》:"鈒,鋋也。"《左传》:"楚武王授师孑焉。"《方言》:"戟,楚谓之釨。凡戟而无刃,秦晋谓之鏔,吴扬谓之戈,东齐秦晋谓其大者曰镘胡,其曲者谓之钩釨。"镘胡,注:"即今鸡鸣,句孑戟。"《小尔雅》:"戈,句孑戟也。"《释名》:"戟,格也,旁有枝格也。"《说文》:"戟,有枝兵也。"《史记》:赵良曰:"操闟戟。""亦作鈒。"《续汉·舆服志》:"大驾有闟戟",注:"闟,函也,取四戟函车边。"《东京赋》:"闟戟轇輵。"闟与鈒音义同。《卤簿记》:"鈒,戟制,如戟兵交龙掌而有小横木。鈒,插也,本插车旁。"戟,一作鍬,所拜反。"《史记》:"贾生曰:

‘句戟长铩。’”《说文》:“铩,铍有镡也。”一曰:鋋,似两刃刀。铍,大刀也,刃端可以披决,因取名云。黄氏曰:铍,剑如刀装者。[补曰]《方言》:“锬谓之铍。”《国语》:“挺铍搢铎。”《左传》:“虞人以铍盾夹之。”《史记》:“吴王僚左右皆持长铍。”《功臣表》:“张说以执铍入汉。”“周灶以长铍都尉。”镕,谓刀之锼所留反。刃为道者也,亦取其创含容之义。创,初良反。镡,剑刃之本入把音霸者也。[补曰]《庄子·说剑》:“周宋为镡。”《三苍》云:“剑口也。”《汉书》注:“镡,剑喉也。又曰似剑而小狭。”又曰:“剑口旁横出者。”鍭,剑口也。[补曰]《西都赋》:“列刃攒鍭。”《尔雅》:“金鏃翦羽谓之鍭。”箭鏃也。《方言》:“箭,江淮谓之鍭。”《广韵》:“刀剑头缠丝为缑。”音钩。《史记》:“冯驩剑蒯缑”,“音侯,谓剑把以小绳缠之”。

弓弩箭矢铠兜鉾。弩,奴古反。铠,苦代反。兜,丁侯反。鉾,一作鍪,音矛。

以角曰弓,以木曰弧。一曰有缘谓之弓,无缘谓之弭。古者挥作弓。弭,莫尔反。缘,弋绢反。挥,许韦反。[补曰]《易》:“弦木为弧。”《说文》:“弧,木弓。”《释名》:“弓,穹也,张之穹穹然也。其末曰簫,又谓之弭。”《荀子》:“倕作弓。”《墨子》:“羿作弓。"《尔雅》注："缘者，缴缠之，即今宛转也。""弭，今之角弓也。"《诗》"象弭"，《左传》"鞭弭"。弓之施臂而机发者曰弩。[补曰]《古史考》："黄帝作弩。"《周》："司弓矢掌四弩。"《六韬》有"大黄参连弩"，汉有《望远连弩射法》，将军有"强弩""积弩"之名，南郡有"发弩官"。以竹曰箭，以木曰矢。古者夷牟作矢。[补曰]《易》："剡木为矢。"《书》："垂之竹矢。"古者每一弓百矢。《方言》："关东谓之矢，关西曰箭。"《国语》："肃慎贡楛矢。"《周礼》："司弓矢掌八矢。"《字统》："箭者，竹之别形，小身大叶为矢，因谓矢为箭。"《左传》注："蒲可以为箭。"铠，甲也，亦谓之介。兜鍪，首甲也，古谓之胄。丈救反。[补曰]甲，身铠也。《周礼》疏："古用皮谓之甲，今用金谓之铠。"《诗》："贝胄朱綅。文饰以朱綅缀之。"《广韵》："兜鍪，首铠"，亦作鞪。《汉书》注："鞮鍪。"铠、鍪二字从金，盖用铁为之。

铁锤檛杖棁柲杸。铁，一作柣。锤音椎，一作棰。檛，陟瓜反。棁，他活反，音脱。柲音秘。杸，一作殳，市朱反。杸，叶音投。《诗·下武》孚叶求。陆士衡诗[illegible]叶讴，古韵通。

铁锤，以铁为锤，若今之称尺证反。锤，亦可以击人，故从兵器之例。张良所用击秦副车，

即此物也。[补曰]《广韵》:“锤,金锤,又权也。《文字音义》:从垂,亦通。”《张良传》云:“铁椎。”《说文》:“椎,击也,齐谓之终葵。”《广雅》:“终葵,椎也。”粗者曰檛,细者曰杖。棁,小棓也,步项反。今俗呼为袖棁,言可藏于怀袖之中也。黄氏曰:棁,大棒。[补曰]《左传》注:“策,马檛。”《字书》:“檛与簻同。”《广韵》:“棰也。”《淮南子》:“袖棁而狎犬。”《汉·祢衡传》:“手持三尺棁杖。”《说文》:“杖,持也。”“棁,木杖也。他活反,又之说反。”“棓,棁也。”柲,攒也,攒,祖官反。谓积竹之杖也。一曰柲者,总言矛戟之把也。音霸。黄氏曰:柲音笔,矛柄。[补曰]《左传》:“剥圭以为鏚柲。”注:“斧柄。”《广韵》:“戟柄。”攒,亦谓之庐,亦曰矜。《考工记》注:“庐,矛戟矜柲也。”“矜,其巾反。”“秦多细木,善作矜柲。”《说文》:“攒,积竹杖也。”《通释》云:“即矛戟柄,合竹木为之。”《昌邑王贺传》:“道买积竹杖。”注:“合竹作杖也。”杸,亦杖名也。古者以积竹八觚为殳,长一丈二尺,建于兵车,旅贲音奔。以先驱,而军士所执殳者名之杸。《司马法》曰:“执羽从杸。”是也。杸与殳音同。一曰杸、殳古今字也。黄氏曰:杸即殳也。[补曰]《释名》:“殳,殊也,有所撞挃于车上使殊离也。”《诗》:“伯也执殳。”注:“殳长丈二而无刃。”《方言》:“三刃枝,楚谓之匽戟,其柄,关西谓之柲，或谓之殳。"《西京赋》注："殳，杖也，八棱，或以木为之，或以竹为之。"抶，棰击也。箠，马策也。《左传》："文之无畏抶宋公仆。"耻乙反，从木非。《御书》本作扶。

辎轺辕轴舆轮輮。辎音缁，一作輜。轺音遥。輮音康，一作辌，音凉。

辎，衣车四面皆蔽也。［补曰］《周礼·巾车》："凡良车散车不在等者。"注："若今辎车后户之属。"《汉·张良传》："强载辎车。"注："衣车也。"《左传》"葱灵"，注："辎车名。"《九辨》云："后辎乘之从从。"《字林》曰："軿车有衣蔽、无后辕者，谓之辎。"《释名》："軿，屏也。四屏蔽，妇人乘牛车也。有邸曰辎，无邸曰軿。"《傅子》曰："周曰辎车，即辇也。"《说文》："軿车前，衣车后也。"轺，轻车也。［补曰］《说文》："轺，小车也。"《国语》："服牛轺马。""服，牛车。轺，马车。"《平帝纪》："驾一封轺传。"注："以一马驾轺车而乘传。"辕，輈也。輈，张留反。［补曰］《考工记》注："輈，车辕也。"《诗》："五楘梁輈。"《周礼》："辕门"，注："以辕表门。"《左传》："楚军行，右辕。"《方言》："楚卫之间，辕谓之輈。"《续汉志》："圣人视斗杓曲，乃曲其輈。"轴，所以穿毂而转也。［补曰］《说文》："轴，持轮也。"《方言》："輨谓之轴。"《考工记》："轴有三理。"《史记》："田单断车轴末而傅铁笼。""张仪曰:‘群轻折轴。’”著轮曰车,无轮曰舆。[补曰]《古史考》:“黄帝作车。”《世本》:“奚仲作车。”《续汉志》:“上古圣人见转蓬始知为轮,轮行可载,复为之舆。”《说文通释》:“舆,车底也。”轮,总谓辐毂夷辋也。[补曰]《易》:“曳其轮。”《庄子》:“轮扁斫轮。”《荀子》:“木直中绳,輮以为轮,其曲中规。”《方言》:“轮,韩楚谓之轪,或谓之軧,关西谓之輚。”《考工记》:轮人、舆人、辀人,周人上舆,察车自轮始。汉乘舆,樴文画辀,重牙班轮。王公列侯朱班轮。輮,谓舆中空处,所用载物也。輮之言空也。《尔雅》曰:“濂,空也。”濂,苦冈反。[补曰]《方言》:“濂之言空也。”輮字未详。黄氏本作辌。《说文》:“辌,卧车也。”《汉·霍光传》:“辒辌车”,注:“如衣车有窗牖,闭之则温,开之则凉。”“本安车也,可以卧息。”《九辨》云:“前轻辌之锵锵。”

辐毂輨辖輮轉輮。辐音福。毂音谷。輨音管。辖音鎋,一作錧鎋。輮音蹂,如纣反,又音柔,一作輮。轉,莫宾反。輮音桑,轉,一作軝,祈支反。

辐者,轮之輚也。毂,谓辐所凑也。輚音潦。凑,千豆反。[补曰]《说文》:“有辐曰轮。”《诗》:“坎坎伐辐兮。”《易》:“舆说辐。”《老子》:“三十辐共一毂。”注:“三十辐,法月数,毂中有孔,故众辐共凑之。”

《大戴礼》:"三十辐以象月。"《曲礼》:"顾不过毂。"《考工记》:"行泽欲短毂,行山者欲长毂。"《诗》:"畅毂","长毂也"。"兵车之毂,长三尺二寸。大车之毂长尺半,兵车之毂比之为长。"毂,所以贯车轮。輨,毂端之铁也。辖,竖贯轴头制毂之铁也。黄氏曰:輨,车毂端铁。辖,车轴头铁。[补曰]《说文》:"輨,毂专錔也。"《方言》:"关东西曰輨,南楚曰軑,(音大。)赵魏间曰炼鏅。"《左传》:"巾车脂辖。"《续汉志》:"乘舆车,贰毂两辖。"《说文》:"辖,键也。"又作舝。《广韵》作鎋。辋,车辋也。关西谓之辋,言其柔曲也。[补曰]《考工记·车人》:"行泽者反辋,行山仄辋。"《说文》:"辋,车轫也。"《通释》:"一曰牙,一曰渠。"《广韵》:"辋,车辋。""輮,车轫。"《考工记》注:"牙谓轮辋","渠谓车辋,所谓牙。"牙音迓。或谓之辀,言其绵连也。辀字或作軧,其音同。黄氏本作軝。[补曰]长毂之軝,朱而约之。《诗》:"约軧。"《广雅》"毂篆",《考工记》:"容毂必直,陈篆必正。"传毂即约軝。轑者,毂中之空,受轴处也。[补曰]轑,当作橾,山枢反,又音薮,叶阳韵。《说文》:"橾,车毂中空也。读若薮。"《通释》云:"车毂中贯轴处。"《周礼》作"薮",《轮人》"捎其薮",注:"谓毂空壶中,众辐之所趋也。"薮,素口反。

轵轼軫軨轙軜衡。轵音只。軫，之忍反。軨音零。轙音仪，又音蚁。軜音纳。衡，叶户郎反，见《诗·采芑》《閟宫》《楚辞》。

轵，轴两头也，一曰轮之小穿也。[补曰]《考工记》注：“立者为辀，横者为轵。”轵，毂末也，小穿也。杜子春注：“轵，两轊也。”轼，车前横木也。[补曰]轼，车横覆膝，人所冯以为敬。《左传》：“君冯轼而观之。”《礼记》：“国君抚式。”“有车必见其轼。”軫，车后横木也。[补曰]《大戴礼》云：“軫方以象地。”《方言》：“軫谓之枕。”軨，两辖之系也。故路车之辖，施小旛孚袁反。者谓之飞軨，一曰軨。车毂间横竹也。[补曰]軨，车轼下纵横木也。《太玄》：“车軨马駢。”《说文》：“軨，车轖间横木也。”汉太仆属官有“路軨令丞”，注：“軨，今小马车曲舆。”《曲礼》：“仆展軨效驾。”《音义》：“軨，车辖头靻也。”音组。《东京赋》：“疏毂飞軨。”《楚辞》“结軨”，注：“重较。”轙，车衡上贯辔环也。黄氏曰：“车衡载辔者。”[补曰]《尔雅》：“载辔谓之轙。”注云：“车轭上环，辔所贯也。”《说文通释》：“马口旁铁为轙。”《东京赋》：“龙辀华轙。”軜，骖马内辔系轼前者也。[补曰]《诗》：“鋈以觼軜。”正义云：“谓白金饰皮为觼，以纳物也。”“四马八辔，经传皆言六辔，明有二辔当系之。”《荀子》：“三公奉轭持纳。”注：“纳、軜同。”衡者，横也，横木在马颈上者。［补曰］《诗》："错衡。"《论语》："倚于衡。"注："衡，轭也。"《考工记》注："衡任者，谓两轭之间也。"《论语》注："輗者，辕端横木以缚轭。軏者，辕端上曲以钩衡。"

盖轑俾倪枙缚棠。轑音老。俾，匹诣反。倪音诣。枙，音厄，一作扼。缚如字。

盖，车上盖也。［补曰］上官桀奉盖虽风常属车，下，盖辄御。《考工记》："轮人为盖"，"盖崇十尺"，"乘车无盖，礼所谓潦车"。轑，盖弓之施爪者也，谓之轑者，言若屋之椽轑也。［补曰］《大戴礼》："盖圆以象天，二十八橑以象列星。"《说文》："轑，盖弓，一曰辐也。"《通释》："轑，车椽也，乘车二十八。"《考工记》注："弓，盖橑也。"黄氏曰：轑，车轴。俾倪，持盖之杠，在轼中央，环为之，所以止盖弓之前却也。杠音江。［补曰］《考工记》：注："桯，盖杠也。""杠长八尺。""桯音盈。"唐卤簿有"俾倪十二"。《古今注》："曲盖，太公所作"，"汉乘舆用四，谓䡢輗，有军号者赐其一"。今曰睥睨，如花盖而小。枙在衡上，所以枙持牛马之颈也。［补曰］轭，车辕前称衡也，亦作枙。《说文》："軶，辕前也。"軥，軶下曲者。"槅，大车枙。"《庄子》："加之以衡枙。"《续汉志》："乘舆龙首衔轭。"《游侠传》："軥牛"，注："軥，轭也。”其俱反。《左传》:“射两軥。”注:“车轭卷者”,一云“车轭两边叉马颈者”。缚在车下,主缚轴令与相连,即今所谓钩心也。[补曰]《说文》:“轐,车轴缚也。《易》曰:‘舆说轐。’”《左传》:“车说其轐。”“轐音服,车下缚也,一云伏菟。”《考工记》:“凿其钩。”注:“钩心。”《说文》又云:“𨏩,车衡三束也。”曲辕𨏩缚。直辕𨍭缚。𨏩音钻。𨍭,所眷反,车轴。棠,蹱也,在车两旁,以蹂距𢤦,使不得以崎也。蹱,丈庚反,又丑庚反。𢤦,丘偃反。崎,丘宜反。[补曰]《广韵》:“樘,车樘。”音堂。贾谊《新书》:“晋楚交战,置师于两棠。”《说文》:“鍪,车樘结也。读若誓。”《苍颉篇》:“帛张车上为𢤦。”《说文》:“𢤦,车幔也。”

辔勒鞅韅靽羁韁。韅,许见反。靽音半。韁音姜,一作缰。

在首曰辔,亦谓之勒,在颈曰鞅,在掖曰韅,在足曰靽。掖音弋。[补曰]《尔雅》:“辔首谓之革。”注:“辔,靶勒。”《说文》:“勒,马头络衔也。”鞅,古谓之缨。《左传》:“掉鞅而还。”又曰:“韅靷鞅靽。”注:“在背曰韅。”《说文》作𩊲,云“著掖皮”。在胸曰靷,余刃反,又徐刃反,《说文》:“引轴也。”在腹曰鞅,《说文》:“颈靼也,音祖。”在后曰靽,一曰絷也。《诗》:“鞗革,辔也。”羁,络头也,谓勒之无衔者也。[补曰]《庄子》云:“连之以羁䩭。”䩭,通作絷。《说文》:“靮,马羁也。”韁,马紖也,凡此皆所以制御马者也。[补曰]韁,马组。《说文》:“缰,马绁也。”《离骚》“鞿羁”,注:“韁在口曰鞿,革络头曰羁。”《宋·五行志》:“白马紫游韁。”

鞇靴靯韉鞍镳鍚。鞇音因,一作茵。靴音伏。靯音杜。韉音薄。镳,彼骄反。鍚,一作锡,音羊。

鞇,车中所坐蓐也。黄氏曰:鞇,车席。[补曰]《诗》:“文茵”,疏云:“车上之褥。”《说文》:“茵,车重席。鞇,司马相如说,茵从革。”靴,韦囊,在车中,人所凭伏也,今谓之隐囊。隐,於靳反。黄氏曰:靴,车具。[补曰]亦作絥、鞦,《说文》:“絥,车絥也。”靯韉,车中重荐也。重,丈龙反。黄氏曰:“鞴靫也。”[补曰]《广韵》:“靯,鞴靫别名。一云靯鞴。”又云:“鞴靫,盛箭室,音步钗。”鞍,所以被马,取其安也。[补曰]《说文》:“鞍,马鞁具也。”《公羊传》:“以鞍为几。”文帝亲御鞍马。镳,即马辔之衔也,亦谓之钀。镳之言苞也,所以包敛马口者也。或曰镳者,衔两傍之铁。今之排沫音末。是也。钀,鱼列反。[补曰]《尔雅》:“镳谓之钀。”注:“马勒旁铁。”《诗》:“輶车鸾镳。”又:“和鸾雝雝。”注:“在镳曰鸾。”傅玄《乘舆马赋》注:“鸾在马勒镳。”《续汉志》:

"乘舆插翟象镳,赤扇汗。"《诗》:"朱幩镳镳。"注:"人君以朱缠镳扇汗,且以为饰。""镳,马衔外铁也,一名扇汗,又曰排抹。"《说文》:"幩,马缠扇汗也。"黄氏曰:镳,马衔也。鐊,马面上饰也,以金铜为之,俗谓之当颅。黄氏曰:锡,马额饰。[补曰]《说文》:"鐊,马头饰也。一曰鍱车轮铁。"《周礼·巾车》,注:"锡,马面当卢,刻金为之。"《诗》:"钩膺镂锡。"笺云:"眉上曰锡,刻金饰之,今当卢也。"正义云:"当卢者,当马之额卢,在眉眼之上。"鐊字或作锡,其音同。颅音卢。

靳靷鞲鞊色焜煌。靳,居衅反。靷,余忍反,又居觐反。鞲音茸,又而用反,一作茸。鞊,他协反。焜,胡本反。

靳,骖马之带也。[补曰]《左传》:"如骖之靳。"注:"靳,车中马。""如骖马之随靳。"《说文》:"当膺也。"靳,固也,靳制其行也。靷,谓当胸者也。黄氏本靷作靲。[补曰]《说文》:"靷,引轴也。"《史记》:"冯驩曰:'游士凭轼结靷。'"《左传》:"邮良曰:'我两靷将绝,吾能止之,我御之上也。'"《诗》注:"靷所以引也。"鞲鞊,以毛毳饰鞍也。黄氏曰:茸,鞍饰,紫茸题头。[补曰]《说文》:"鞲,鞍毳饰也。""鞊,鞍饰也。"《广韵》鞲亦作毦。御书作茸。《魏百官名》有"紫茸题头高桥鞍"。色焜煌者,言其光采盛也。

［补曰］《说文》："焜，煌也。"《左传》云："焜燿。"《方言》："焜曅𥈭也。"

革鞇髹漆油黑苍。鞇音色。髹音休。

革鞇，车藉之交革也。一曰重革之幭，所以覆车笭也。笭，车前曲栏也。藉，材夜反。重，丈龙反。幭，莫歷反。笭音零。黄氏曰：鞇，车马络带。［补曰］《广韵》："鞇，车藉交革。"《诗》："浅幭"，注："幭，覆式也。"《礼记》作幦。《周礼》作禊，皆以有毛之皮为幦。幦，覆盖之名，覆在轼上。《广韵》："幦，车覆軨也。"音觅。髹漆者，以漆漆之。油者，以油油之，皆所以为光色而御尘泥。其色或黑或苍，故云黑苍也。黄氏曰：髹漆，赤多黑少。［补曰］《周礼》："士乘栈车"，"不革鞔而漆之"，"駹车髹饰"，"赤多黑少之色韦也"。《士昏礼》："乘墨车"，"有漆饰"。《汉·黄霸传》："别驾主簿车，缇油屏泥于轼前。"《续汉志》："小使车，赤屏泥油。""二千石皂盖，除吏赤画杠，其余皆青。"《汉书》注："以漆漆物谓之髹。"《货殖传》："陈夏千亩漆。"《说文》："木汁，可以髹物。"油，膏也。

室宅庐舍楼殿堂。

室，止谓一室耳。［补曰］《吕氏春秋》："高元作室。”《尔雅》:“宫谓之室。”《风俗通》:“室,其外也;宫,其内也。”《释名》:“室,实也,人物实满其中也。”《广韵》:“房也。”《白虎通》:“黄帝作宫室。”《世本》:“禹作宫室。”《庄子》:“有虞氏之宫,汤武之室。”《诗》:“入此室处。”宅,总言院宇之中也。院,于眷反。[补曰]《释名》:“宅,择也,择吉处而营之也。”《说文》:“宅,托也。”《左传》:“齐景公欲更晏子之宅。”《书序》:“鲁共王坏孔子旧宅。”庐,别室也,一曰田野之室也。[补曰]《诗》:“中田有庐。”“于时庐旅。”《周礼》:“国野之道,十里有庐。”《左传》:“宋子罕曰:‘有阖庐以辟燥湿寒暑。’”舍,谓人于其中舍息也。[补曰]《史记》:孟尝君有“传舍”“幸舍”“代舍”。《汉》:“田延年独居齐舍”,“刘淑立精舍讲授”。又,甲第曰甲舍,官舍曰寺舍,息止之处曰次舍,修饰埽除曰除舍。《周礼》注:“舍犹宫也。”楼,谓重屋离楼然也。[补曰]《尔雅》:“陕而修曲曰楼。”《初学记》:“公玉带上《黄帝明堂图》,为复道,上有楼,从西南入,盖楼之始也。”《孟子》“上宫”,注:“楼也。”殿,谓室之崇丽有殿鄂者也。鄂,五各反。[补曰]《燕礼》:“当东霤。”注:“人君为殿屋也。”疏云:“汉时殿屋四向流水。”《庄子·说剑》云:“入殿门不趋。”《事物纪原》:“殿取众屋拥从,如军之殿。”周益公曰:“天子殿中,初见《商子·定分篇》。臣侍殿上,兵陈殿下，后载《史记·荆轲传》，大抵秦制也。至始皇作甘泉前殿，殿之名始立。”凡正室之有基者，则谓之堂。[补曰]《诗》：“自堂徂基。”《礼》言天子之堂，未有称殿者。挚虞《决疑要注》：“殿则有阶陛，堂有阶无陛。”《演义》曰：“堂，当也，当正向阳之屋。”晁错云：“有一堂二内，一堂，门户之闭”，“二内二房也”。《尔雅》：“门侧之堂谓之塾。”注：“夹门堂也。”“堂途谓之陈。”注：“堂下至门径也。”“堂上谓之行，堂下谓之步。”

门户井灶庑囷京。庑音舞。囷，丘伦反。京，叶居良反，见《诗·定之方中》《下泉》《正月》《甫田》《大明》《公刘》。

大曰门，小曰户。[补曰]《尔雅》：“宫中之门谓之闱，其小者谓之闺。”《说文》：“户，护也，半门为户。”《诗》：“西南其户。”注：“西乡户、南乡户也。”“塞向墐户。”注：“向，北出牖也。”庶人荜户。井，所以汲也。[补曰]《周书》：“黄帝穿井。”《世本》云：“化益作井。”宋衷云：“伯益也。”《广雅》：“井，深也。”灶，所以炊也。[补曰]《周礼·亨人》注：“爨，今之灶。”疏云：“《周礼》《仪礼》皆言爨，《论语》《祭法》言灶。”《穀梁传》：“古者公田为居，井灶葱韭尽取焉。”庑，周屋也，庑，谓幠覆之也。幠音舞，字从巾。[补曰]

《汉·召信臣传》:"屋庑","四周屋也"。《礼记》注:"夏屋,今之门庑也。"《说文》:"堂下周室。"《后汉书》注:"庑,廊屋也。"张酺"作稿盖庑"。囷,圜仓也。京,方仓也。一曰京之言矜也,宝贵之物可矜惜者藏于其中也。[补曰]《诗》:"取禾三百囷。"《月令》:"修囷仓。"《史记·仓公传》:"京下方石。"注:"京者,仓廪之属。"《管子》云:"新成囷京。"注:"大囷者京。"《说文》:"圜谓之囷,方谓之京。"

榱椽欂栌瓦屋梁。榱音衰,楚危反。椽音传,一作櫋,音绵。欂音薄。栌音卢。

榱即椽也,亦名为桷。音角。[补曰]《尔雅》:"桷谓之榱。"《孟子》:"榱题数尺。"题,头也。《上林赋》:"华榱璧珰","唐虞棌椽"。《左传》:"宋伐郑,以大宫之椽归,为卢门之椽。"《赵世家》:"魏献荣椽。"《诗》:"松桷有梴。"《春秋》:"刻桓宫桷。"《说文》:"椽方曰桷。""秦名为屋椽,周谓之榱,齐鲁谓之桷。"《广韵》:"榱,屋橑。"欂栌,柱上之枅也。自陕以西呼之为楷。枅,工奚反。楷音沓。[补曰]《明堂位》:"山节藻棁。"注:"刻欂栌为山,画侏儒柱为藻文。"欂、栌皆短柱。欂,一名枅。栌,一名楶。《广韵》:"楷,柱上木也。"瓦屋,以瓦覆屋也。[补曰]《吕氏春秋》注:"桀作瓦。"《史记·龟策传》:"桀为瓦室。”注：“《世本》曰：‘昆吾作陶’，《博物记》亦云‘桀作瓦’，盖是昆吾为桀作也。”《汉书》：“屋版瓦”，“大瓦也”。梁，屋上梁也。一名宲廇。宲音亡，又音盲。廇，力又反。[补曰]《说文》：“宲，屋大梁也。”《尔雅》：“宲廇谓之梁。”注：“屋大梁也。”“楣谓之梁。”注：“门户上横梁。”《太玄》：“柱不中，梁不隆，大厦微。楣，秦名櫋梠，或谓櫋。”《说文》：“櫋，屋櫋联也。”一作绵。

泥涂垩塈壁垣墙。垩音恶。塈，许既反。壁，必亦反。垣音无。

泥涂，作泥以涂饰之，及塞隙穴也。垩，白土也。塈，仰涂也。[补曰]《广韵》：“泥，水和土也。”《尔雅》：“墙谓之垩。”注：“白饰墙也。”《山海经》：“陆郈（音跪。）之山，其下多垩。”“大次之山，其阳多垩。”注：“垩似土，白色。”《周礼·守祧》：“其祧则黝垩之。”《匠人》：“白盛”，注：“以蜃灰垩墙，饰成宫室。”《书》：“惟其涂塈茨。”《庄子》：“郢人垩漫其鼻端。”《扬雄传》云：“獿人。”注：“云古之善涂塈者。”“塈，今之仰泥也。”《说文》：“杇，所以涂也。秦谓之杇，关东谓之槾。”《左传》：“圬人以时塓馆宫室。”《论语》作圬。壁，辟也，辟御风雨也。垣，援也，人所依阻以为援卫也。墙，鄣也，所以自鄣蔽也。掾，于万反，又于倦反。鄣音章。[补曰]司马相如徒四壁立。《书》："若作室家，既勤垣墉。"注："卑曰垣，高曰墉。"《诗》："之子于垣。"正义："垣，墙也。"《尔雅》："墙谓之墉。"《淮南子》："舜作室，筑墙茨屋。"

榦桢筑板度圜方。桢音贞。栽，才代反，又音再。度，待洛反。

榦桢，筑墙之植木，谓竖立者也。植，直吏反。[补曰]《说文通释》："桢，筑墙两头横木也。""榦，筑墙专木也。两旁木以制板。"《书·费誓》："峙乃桢榦，甲戌，我惟筑。"注："题曰桢，旁曰榦。"《左传》："芳艾猎城沂"，"平板榦"。注："榦，桢也。"板、榦，立木两旁，所以障土。《太玄》："金榦玉桢，廓于城。"板，墙板也。栽，筑墙也。[补曰]《左传》："宋城，华元为植，巡功。"注："植，将主也。""城成周，庚寅，栽。"注："栽，设板筑。"又："水昏正而栽。""楚围蔡，里而栽。"《说文》云："筑墙长版。"《诗》："缩版以载。"笺云："以索缩其筑版，上下相承而起。"《孟子》："传说举于版筑之间。"《汉书》注："版，墙版也。筑，杵也。"郭璞《三苍解诂》："板，墙上下板。筑，杵头铁沓也。"度圜方者，量计所宜，先立基址，然后筑也。《诗》曰："缩版以载。"[补曰]《左传》："城沂，略基趾。”“营成周，揣高卑，度厚薄。”

墼垒廥厩库东箱。墼音激。垒，力轨反，一作絫。廥，音脍，古外反。厩音救。

墼者，抑泥土为之，令其坚激也。墼垒，累墼而为鄣蔽也。鄣，之亮反。一曰：垒，军壁也。[补曰]《说文》：“垒，垒墼也。力轨反。”厽，絫坺土为墙壁。”《后汉》：“周纡筑墼自给。”《广韵》：“垒，重垒。”《国语》：“周军饬垒。”垒当作絫。廥，刍稿所居也。[补曰]《赵世家》：“邯郸廥烧。”刍，刈草。稿，禾秆。厩，生马所聚也。[补曰]厩，马舍也。《释名》：“厩，聚也。”《周礼》：“六系为厩。”“六厩成校。”《诗》：“乘马在厩。”库，兵车所藏也。[补曰]《乐记》：“武王车甲衅而藏之府库。”此藏兵器也。《孟子》云：“府库充也。”此藏货贿也。东箱，东序之屋也。[补曰]《觐礼》：“几俟于东箱。”注：“东夹之前，相翔待事之处。”《汉·周昌传》：“东箱”，注：“正寝之东西室皆曰箱，言似箱箧之形。”《说文》：“厢，廊也。”《上林赋》：“青龙蚴蟉于东箱。”

屏厕清溷粪土壤。屏，必郢反。厕，初吏反。清，一作圊。溷，胡困反。壤，叶音攘。

屏，僻宴之名也。僻，匹亦反。[补曰]屏，蔽也。《尔雅》:“屏谓之树。”《广雅》:“罘罳谓之屏。”《风俗通》:“卿大夫帷,士以廉,以自障蔽。”《说文》:“屏蔽也。”厕之言侧也,亦谓僻侧也。清,言其处特异余所,常当加洁清也。溷者,目其秽浊也。屏、厕、清、溷,其实一耳。[补曰]《说文》:“厕,清也。”“圂,豕厕也。”《释名》曰:“厕,杂也,言人杂厕其上也。”《张敖传》:“要之置厕。”《汉书》注:“贾逵解《周官》云:‘腧,行清也。’”腧音投。《国语》谓之“豕牢”。《后汉·李膺传》谓之“溷轩”。圊音清,厕也。柔土曰壤,言屏厕之地,以粪秽,则其土为壤也。[补曰]《论语》:“粪土之墙。”《禹贡》注:“无块曰壤。”或云:“粪谓粪治。”《月令》:“可以粪田畴。”《孟子》曰:“凶年粪其田而不足。”

碓硙扇隤舂簸扬。碓音对,得悔反。硙,五对反。隤音颓,一作匮。舂,伤容反。簸,波我反。扬,一作飏。

碓,所以舂也。硙,所以礳莫贺反,又音摩。也,亦谓之石䃍。千对反,见《方言》。古者雍《说文》作雝。父作舂,鲁班作硙。[补曰]《广雅》:“碓,磶碓也。”《通俗文》:“水碓曰轓车。”杜预作连机碓。孔融论曰:“水碓之巧,胜于圣人之断木掘地。”《吕氏春秋》:“赤冀作臼。”《说文》:“舂,捣粟也。”

“硙，䃺也。”《世本》：“公输般作硙。”古者掘地为臼，其后穿木石，晋王戎有水硙。《唐·李元纮传》：“权家旁渠立硙。”《说文》：“䃺，石硙也。”扇，扇车也。隤，扇车之道也。隤，字或作隳，隳之言坠也。言既扇之，且令坠下也。舂则簸之扬之，所以除糠秕也。扬，字或作飏，音义同。秕音比。［补曰］《广韵》：“隤，下坠也。”亦作墤。《诗》：“或舂或揄，或簸或蹂。”《说文》：“或簸或舀。”《书》：“若粟之有秕。”《周礼》有“舂人”，“女舂抌二人”，注：“抌，抒臼也。”音由。《诗》笺：“米之率，粝十，粺九，凿八，侍御七。”“米渐细，数益少。”

顷町界亩畦埒封。町，徒顶反。埒音劣。封，叶锄韵，古韵通，一作窆，音庚，叶音臾。

田百亩为顷，平地为町，一曰：町，治田处也。［补曰］《左传》：“楚芀掩町原防。”注：“为小顷町。”《说文》：“田践处曰町。”周制：百步为亩，自汉以来，二百四十步为亩。田边谓之界。田区谓之畦，今之种稻及菜为畦者，取名于此。一说五十亩曰畦。埒者，田间堳道也，一说谓庳垣也。今之圃或为短墙，盖埒之谓也。封，谓聚土以为田之分界也。堳音眉。庳音婢。［补曰］《孟子》曰：“经界既正。”《说文》：“界境也。”《盐铁论》：武帝“制田,二百四十步而一亩”。杜佑谓:“商鞅佐秦,更以二百四十步为亩。”窦俨曰:“小亩步百,周制也。中亩二百四十,汉制也。大亩三百六十,齐制也。今用中亩。”《周礼·稻人》注:“列,田之畦埒也。”《封人》注谓:“壝,堳埒。”《说文》:“田五十亩曰畦。”《食货志》:“菜茹有畦。”注:“畦,区也。”《氾胜之书》:“上农区田。”《列子》:“林类拾遗穗于故畦。”《庄子》:“汉阴丈人为圃畦。”《左传》:“子产田有封洫。”又曰:“封畛土略。”《东方朔传》:“提封顷亩。”《说文》:“封,从之从土从寸,各之其土也。”

疆畔畷伯耒犁锄。畔,薄半反。畷,丁劣反,又丁卫反。伯,一作陌,一作佰。耒,力对反。犁,力兮反。锄,一作鉏。

疆,比田之界也。比,频寐反。畔,分半田之际也。[补曰]《国语》:“修其疆畔。”注:“疆,境也。畔,界也。”《史记》:“舜耕历山,人皆让畔。”《诗》:“我疆我理,南东其亩。”《左传》:“如农之有畔。”《说文》《广韵》:“疆,界也。”“畔,田界也。”畷,两伯间竖道也。黄氏曰:畷,井田间道。[补曰]《礼记》:“邮表畷。”注:“谓田畯,督约百姓于井闾之处。”《诗》云:“为下国畷邮。”《吴都赋》:“畛畷无数。”《说文》:“畷,两陌间道也,广六尺。”“畛,井田间陌也。”《汉·地理志》:“商君制辕田,开阡陌。”“南北曰仟,东西曰伯。”

《商君传》："为田开阡陌封疆。"蔡泽曰："决裂阡陌。"《王温舒传》："置伯落长。"《史记》："伯音陌，言阡陌。"耒，手耕曲木也。古者倕作耒，今之曲把茉锹，其遗象也。把音霸。茉，下瓜反。锹，千消反。[补曰]《易》："神农揉木为耒。"《古史考》："神农作耒。"《考工记》："车人为耒。"《国语》："耒耜枷芟。"耒耜，上句木也。《夏小正》："农纬厥耒。"《说文》："耒广五寸为伐，二伐为耦。"犁亦耕具也。犁之言利，利发土而绝草根也。[补曰]《山海经》："叔均始作牛耕。"《广韵》："犁，垦田器，后稷之孙叔均所作。"《周礼》疏："周时未有牛耕，至汉赵过始教民牛耕。"周益公曰："疑耕犁起于春秋之间，故孔子有犁牛之言，弟子冉耕亦字伯牛。《月令》：'季冬出土牛，示农耕早晚。'《贾谊书》《新序》载邹穆公曰：'百姓饱牛而耕，暴背而耘。'大率在秦汉之际，何待赵过？过特教人耦犁，共二牛，费省而功倍尔。"《食货志》："赵过用耦犁，二牛三人。""平都令光教过以人挽犁。"锄之言助也，助苗去秽也。[补曰]《国语》："挟其枪刈耨镈。"注："镈，锄也。"《庄子》："铫，鎒"，注："鎒似鉏。"《说文》："耨，除苗间秽也。"《汉》："杜稚季持鉏自治园。"《严延年传》："莠盛苗秽，何可不鉏。"鉏已见前，当作锄。《周礼》："以兴锄利甿。"音助，又音鉏，民相助也。

种树收敛赋税租。敛，良冉反。

种，艺也。树，殖也。春夏种殖，秋冬收敛，农之常业也。[补曰]《史记》："秦所不去者，种树之书。"《孟子》曰："后稷教民稼穑，树艺五谷。""春省耕，秋省敛。"敛财曰赋，敛谷曰税，田税曰租，皆所以供公家之用也。[补曰]《汉志》："税以足食，赋以足兵。"鲁宣公初税亩，哀公用田赋，郑子产作丘赋，秦简公初租禾，孝公初为赋。《周礼》注："今之筭泉，民或谓之赋。"汉轻田租，什五而税一。卜式曰："食租衣税。"贡禹曰："已奉谷租，又出稿税。"

捃获秉把插捌杷。捃，居运反，一作攈。获，胡郭反。把，博下反。插，楚洽反，一作臿。捌，博拔反，一作拔。杷，蒲巴反，叶音櫂。《诗》瑕叶胡，牙叶居，《楚辞·远游》霞叶除，《离骚》家叶狐，《史记·龟策传》瑕叶徐，《张仪传》苴音巴，古韵通。

拾遗曰捃，刈取曰获。[补曰]《汉》："范冉捃拾自资。""使儿捃拾麦，得五斛。"《易》："不耕获。"《诗》："八月其获"，"十月获稻"，"载获济济"。捃，字或作攟，音义皆同。[补曰]《国语》："收攟而烝。"《说文》："攈，拾也。"一束曰秉，一把曰把。[补曰]《诗》："彼有遗秉。"疏云："秉，刈禾之把也。"《说文》："《周礼》曰：二百四十斤为秉。"《聘礼》云：

"四秉曰筥。"注:"秉谓刈禾盈手之秉。筥,穧名也。"禾之秉一把,米之秉十六斛,禾之筥四把,米之筥五升。《说文》:"把,握也。""兼持二禾,秉持一禾。"插者,担也,两头钀锐,所以插刺禾束而担之也。无齿为朳,有齿为杷,皆所以推引聚禾谷也。或曰:插者鍫也,此说失之。鍫自有臿名,今此方说收敛之具,无涉金铁,非鍫臿之臿也。插者担也之担,丁滥反。钀,子廉反。担,丁甘反。黄氏曰:臿,舂去皮也。[补曰]《释名》:"担,任也,任力所胜也。"都甘反。担,负也。都滥反。二字义同。插,刺入也。《尔雅》:"刺,谓之㓒。""皆古鍫插字。"《说文》:"臿,舂去麦皮。"《广韵》:"臿,舂去皮。"黄氏曰:朳,无齿杷也。[补曰]《广韵》:"朳,无齿杷也。"又作朳。《方言》:"杷,宋魏谓之渠挐,或谓之渠疏。"注:"无齿为朳。"渠,《广韵》作淭。《说文》:"杷,收麦器也。"《通释》:"杷,所以聚也。"《贡禹传》:"捽中杷土。"《释名》曰:"齐鲁谓四齿杷为欋(音劬)。"《太玄》:"进以欋蔬。"

桐梓枞窾榆椿櫄。枞音踪,又七恭反。窾,一作松。椿,丑伦反,一作櫄。櫄,一作榑,音摅。

桐,即今之白桐木也。一名荣。[补曰]《尔雅》:"荣,桐木。"注:"即梧桐。"《汉官篇》曰:"树栗漆梓桐。"《周书·时训》:"清明之日,桐始华。""桐若不华,岁有大寒。"《夏小正》:"三月拂桐芭。"《管子》:"五粟""五沃"之土宜桐。《诗》:"其桐其椅。"梓,楸类也,一名椅。於奇反。[补曰]梓如栗而小。《尔雅》:"椅,梓。"《说文》:"椅,梓也。""梓,楸也。""楸,梓也。""櫃,楸也。"一物四名。《定之方中》言椅又言梓。《草木疏》曰:"楸,疏理色。白生子者为梓,梓实桐皮曰椅。"《诗》:"其桐其椅""维桑与梓,必恭敬止"。《商子》曰:"梓者,子道也。"枞,叶似柏者也。[补曰]《尔雅》:"枞,松叶柏身。"注:"《尸子》谓:'松柏之鼠,不知堂密之有美枞。'"松有黄、赤、白三种。[补曰]《公羊传》注:"松犹容也。"松,岁寒后凋,在冬夏青青。《广韵》"窠":古文松作窠。榆,白枌也。枌,扶云反。[补曰]《尔雅》注:"枌榆,先生叶,却著荚,皮色白。"《诗》:"东门之枌",注:"白榆也。"《春秋元命包》:"三月榆荚落。"椿,字或作櫄,其音同。[补曰]《禹贡》:"荆州贡杶。"又作櫄。《左传》:"雍门之楯。"《集韵》:"楯通作椿。"《庄子》:"上古有大椿。"樗,似椿而木虚恶,唯堪薪燎。[补曰]《诗》:"薪樗。""蔽芾其樗。""恶木也。"惠子曰:"吾有大树,人谓之樗。"《五行志》:"河南街邮樗树。"注:"樗树似杶。"《本草》:"樗有花者无荚,有荚者无花。"

槐檀荆棘叶枝扶。叶，一作桑。槐音回。

槐，似槐而叶小，又黄色。槐音怀。［补曰］《尔雅》：“櫰，槐大叶而黑，守宫槐，叶昼聂宵炕。”《庄子》：“槐之生，入季春五日而兔目，十日而鼠耳，更旬而始规，二旬而叶成。”古者朝位树之，冬取槐檀之火。檀，坚韧木也。［补曰］《诗·伐檀》：“可以为车。”荆，一名楚。［补曰］有牡荆、蔓荆、白荆、紫荆。《学记》注：“以楚为荆。”棘，酸枣之树也，一名樲。音二。［补曰］《孟子》曰：“养其樲棘。”注：“小棘，所谓酸枣。”《诗》：“园有棘，其实之食。”《尔雅》注：“树小实酢。”“棘心赤而外有刺，故朝位树之。”《老子》：“师之所处，荆棘生焉。”《春秋繁露》：“军之所处，生以棘楚。”《白虎通》：“景风至，棘造实。”叶枝扶者，言此众树枝叶扶疏，分布茂盛也。［补曰］叶，黄氏本作桑。《禹贡》：“桑土既蚕。”《诗》：“蚕月条桑。”《史记》：“齐鲁千亩桑。”《尔雅》：“女桑、桋桑。”《山海经》：“帝女之桑。”

骍騩骓驳骊駵驴。骍，思营反。騩音龟，又音愧，京媚反。骓，之谁反。驳，邦角反。骊，力知、郎兮二反。駵音留，一作骝。驴，力居反。

骍，马黄赤色也。黄氏曰：骍，马赤色。［补曰］《匈奴传》：“南方尽骍马。”注：“赤马也。”騩，浅黑色也。黄氏曰:浅黑。[补曰]《晋志》:"皇后驾六騩马。"苍白杂色曰骓。黄氏曰:苍白杂毛。[补曰]《说文》:"苍黑杂毛。"《诗》:"有骓有駓。"项王骏马名骓。色不纯曰驳。[补曰]《说卦·乾》:"为驳马。"《诗》:"皇驳其马。"注:"黄白曰皇,騂白曰驳。"《管子》:桓公"乘驳马洀桓,迎日而驰"。《子虚赋》:"驾驯驳之驷。"深黑色曰骊。[补曰]《诗》:"比物四骊","騧骊是骖"。"有骊有黄。"夏后戎事乘骊。《月令》:"冬,驾铁骊。"赤马黑髦曰駵。駵,字或作骝,音义同。黄氏曰:黑髦尾。[补曰]《诗》:"骐駵是中。""有駵有雒。"笺:"赤身黑鬣。"《月令》:"夏,驾赤駵。""中央黄駵。"造父得华駵、绿耳之乘。驴。[补曰]似马长耳,其毛厖裼,能旋磨及驮负,其子名驝。驮,唐佐反。《古今注》:"驴牝马牡则生蠃。"《上林赋》:"驴驘。"

骐駹驰骤怒步超。骐音其。駹,莫江反。骤,一作驺,仕救反。超,叶音趋。

骐者,青骊之马,文如綦也。[补曰]《诗》:"驾我骐异。""我马维骐。""乘其四骐。"注:"骐,文也。""色之青黑者名为綦。"《说文》云:"文如博棋。"駹,駹马杂色也,一曰面颡皆白谓之駹。黄氏曰:面颡皆白。[补曰]《诗》:"为下国骏厖。"《齐诗》作

“骏駹”，谓马也。《广韵》：“駹，黑马白面。”《匈奴传》：“东方尽駹。”注：“駹，青马也。”疾步曰骤。怒步者，言其气盛而行步动作也。超，逾越也，谓马之骏者。逾越于驽也。驽音奴。［补曰］驰，骛也，疾驱也。《诗》：“载驰载驱。”骤，一作骀。《曲礼》：“车驱而骀。”《诗》：“载骤骎骎。”《左传》：“林楚怒马，及衢而骋。”以超韵驴者，音如此，已解在“竺谏朝”章中。

牂羖羯羠䍮羝羭。牂，子桑反。羖音古。羯音讦。羠音兕。䍮音兆。羝音低，又都礼反。羭音俞。

牂，吴羊之牝也。［补曰］《诗》：“牂羊坟首。”《尔雅》：“羊牡，羒。”注：“谓吴羊，白羝。”“牝，牂。”羖，夏羊之牡也。［补曰］《诗》：“俾出童羖。”注：“羖羊，不童。”《尔雅》“夏羊”，注云：“黑羖䍽。”羖之犗者为羯，谓劇之也。羠，亦騬羊也。又西方有野羊，大角，牡者曰羱，牝者曰羠，并以时堕角。其羱角尤大，今人以为鞍桥。羠角差小，可以为刀子把。《尔雅》曰：“羱如羊。”即谓此也。劇，居言反。犗，加败反。騬音绳。羱音原。把音霸。［补曰］騬，犗马。《史记·货殖传》：“其民羯羠不均”，“言人性若羊，捷捍”。《说文》：“苋，山羊细角者。读若丸。”《本草》注:“苋羊似麢羊,角有文”,俗作羱,(户寒反。)黄氏曰:羯羊去势。羠,犍羊。䍡,羊未卒岁也。卒,子律反,又子内反。一曰夷羊重百斤者为䍡。[补曰]夷羊,怪兽。殷之衰,夷羊在牧。羝,牂羊之牡也。[补曰]《易》:“羝羊触藩。”《诗》:“取羝以軷。”注:“牡羊也。”羭,夏羊之牝也。黄氏曰:羭,黑羝。[补曰]《尔雅》注:“《归藏》曰:两壶两羭。”《左传》:“攘公之羭。”注:“羭,美也。”

六畜蕃息豚豕猪。 畜,许又反。蕃音烦。豕,一作彘。

六畜,牛、马、羊、豕、鸡、犬,人所畜。许六反。养者也。蕃,滋也。息,生也。[补曰]《周礼·庖人》注:“六畜,六牲也。始养之曰畜,将用之曰牲。”《职方氏》:“六扰。”《尔雅》:“马、牛、羊、彘、狗、鸡,六畜。”《左传》:“谓其畜之硕大蕃滋也。”《百官表》:“右扶风有掌畜令丞。”豚,谓豕之始生者也。豕者,彘之总名也。豕之三毛聚者曰猪也,《春秋左氏传》曰:“既定尔娄猪。”《尔雅》曰:“豕子,猪。”然则亦其通称也。豕之绝有力者曰豟,其牝曰豝。娄,洛侯反。豟音厄。豝音巴。[补曰]《易》:“见豕负涂。”“羸豕孚蹢躅。”《诗》:“有豕白蹢,烝涉波矣。”《尔雅》注:“豕,今亦曰彘,江东呼豨。”

《方言》:“关东西或谓彘,或谓豕,南楚谓之豨,其子或谓之豚。”《太玄》:“豨毅其牙。”《货殖传》:“泽中千足彘。”《庄子》:“监市履豨。”娄猪,求子猪。《尔雅》:“彘五尺为豝。”《尸子》曰:“大豕为豝。”《诗》:“壹发五豝。”“发彼小豝。”

豭豮狡犬野鸡雉。豭,古瑕反。豮,扶云反。狡,古卯反。犬,一作狗。

豭,牡豕也。[补曰]《方言》:“猪,北燕谓之豭。”《左传》:“郑伯使卒出豭。”“盍归吾艾豭。”“舆豭从之。”豮,犗豕,亦谓之豶。弋箠反,又徒果反。黄氏曰:豮,豕去势。[补曰]《易》:“豶豕之牙。”豕去势曰豮。《尔雅》:“豶,豮”,注:“俗呼小豮猪为豶子。”《广韵》一作隊。狡犬,匈奴中大犬也,巨口赤身。一曰:狡,少犬也,式邵反。谓狗之有悬蹄者也。[补曰]《周书·王会》:“匈奴狡犬。”《说文》:“狡,少狗也。匈奴地有狡犬,巨口黑身。”野鸡生在山野,鷮鸡、鶡鸡、天鸡、山鸡之类皆是也。鷮音骄。鶡音曷。一本鶡作鹖。[补曰]《尔雅》:“鷮雉”,注:“即鷮鸡也,长尾,走且鸣。”《诗》:“有集维鷮。”雉之健者为鷮,尾长六尺。《说文》:“鷮,长尾雉也。乘舆以为防釳,著马头上。”又云:“鶡似雉,出上党。”《颜氏家训》曰:“黄黑,无驳杂色。”《续汉志》:“鶡,勇雉也,其斗对一死乃止。赵武灵王以表武士。”《上林赋》“昆鸡”，注：“似鹤，黄白色。”《说文》：“鶤鸡”，《楚辞》：“鹍鸡啁哳而悲鸣。”《穆天子传》：“鶤鸡飞八百里。”注：“即鹍鸡也。”《淮南子》：“钳且、大丙之御”，“轶鶤鸡于姑余。”《太玄》：“鶤鸡朝飞。”《尔雅》：“鶾，天鸡。”注：“黑身赤头”，“鶾鸡赤羽”。《逸周书》：“文鶾若彩鸡，成王时蜀人献之。”《异苑》：“山鸡爱其毛，映水则舞。”凡鸟子生而啄食者皆曰雏。啄，竹角反。［补曰］生而须哺曰鷇，自食曰雏。《方言》：“爵子及鸡雏谓之鷇。”

犙㸬特犗羔犊驹。犙，苏含反。㸬音贝，普外反。犗音界。

犙，三岁牛也。㸬，二岁牛也，一曰长脊之牛也。［补曰］《尔雅》：“犊体长，㸬。”注：“长身者。”犗，劇牛也。［补曰］劇，以刀去牛势，或作犍。《庄子》：“任公子五十犗以为饵。”“郭音卦，犍牛也。徐音界。”《说文》云：“騬牛也。”《通释》曰：“犗，犍也。”音鞬。特。［补曰］《舜典》：“用特。”注：“一牛。”《国语》：“诸侯举以特牛。”《乡祀》：“以特牛。”《说文》：“犅，特牛也。”《世说》云：“千斤犗特。”羊子曰羔，牛子曰犊，马子曰驹。［补曰］《诗》：“献羔祭韭。”《礼记》：“诸侯膳用犊。”《周礼》：“春行羔豚”，“秋行犊麛”。《诗》:“皎皎白驹。”《周礼》:“攻驹。”《法言》曰:“驹犊从。”

雄雌牝牡相随趋。 牝,频引反。

飞曰雄雌,走曰牝牡。《诗》云:“雄狐绥绥。”《书》称“牝鸡无晨”,亦互言之,无所滞也。[补曰]《说文通释》云:“据《尔雅》:‘鶆,鶉,其雄,鶛;牝,庳。’《左传》:‘龙一雌死。’至于草木,云牝荆,未尝言雌雄,不可不分,又不得偏滞拘执。”《周礼》:“牡鞠”,“牡椲”。

糟糠汁滓稿莝刍。 糠,本作穅,俗从米。汁音执。滓音笫。稿,古老反。莝,采卧反。刍,初俱反,一作刍。

糟,酒粕也。粕,普各反。糠,米皮也,亦谓之蛊。[补曰]《内则》:“稻醴清糟。”《说文》:“糟,酒滓也。”《左传》:“谷之飞亦为蛊。”《尔雅》:“康谓之蛊。”注:“米皮。”《诗释文》:“糠字亦作康。”《说文》:“糠,谷皮也。”汁,沈也。沈,尺审反。滓,淀也。淀音殿,一作澱。[补曰]汁,古作湆。《左传》:“犹拾沈也。”《周礼·酒正》注:“泛者滓浮,沉者滓沉。”稿,禾秆也。秆,工旱反。莝,细斫稿也。蒭,刈生草也,字本作刍,音义同。言此皆所以饲牛马羊豕也。[补曰]《说文》:“秝,禾茎也。《春秋传》:‘或投一秉秆。’”《书》注:“秸,稿也。”《诗》:“摧之秣之。”笺云:“摧,今莝字。”又:“生刍一束。”《书》:“峙乃刍茭。”《孟子》注:“草牲曰刍,谷养曰豢。”《尹翁归传》注:“莝,斩刍。”《广韵》:“俗作蒭。”

卷　四

凤爵鸿鹄雁鹜雉。鹄，胡笃反。鹜音木。

凤，神鸟也，其状麟前而鹿后，蛇颈鱼尾，龙文龟背，燕颔鸡喙，鹤立鸳思，五采备举。一名鶠。音偃。其雌曰皇。颔，下感反。喙，许秽反。思，息寺反。《说文》："鸿前麐后。"龟背作虎背，鹤立作鹳颡。[补曰]《说文》："𪈘，古文凤，象形。凤飞，群鸟从以万数，故以为朋党字。"蔡衡对光武云："凡凤有五，多紫色者，凤；多黄色者，鵷雏；多青色者，鸾；多赤色者，鸑鷟；多白色者，鹄。"《禽经》曰："青凤谓之鹖，赤凤谓之鹑，黄凤谓之鸾，白凤谓之鹔，紫凤谓之鷟。"《说文》曰："五方神鸟，东方曰发明，南方曰焦明，西方曰鹔鷞，北方曰幽昌，中央曰凤凰。"《禽经》又曰："翌以鸣鸣凤，凤以仪仪翌。"爵，谓神爵以下众杂爵也。神爵之形，或大如鷃，黄喉白颈，黑背而腹斑文；或大如鸠而背五色。[补曰]雀之字通于爵，古作㽁，饮器以为名，象爵之形，中有鬯酒，又持之也，所以饮器象爵者，取其鸣节节足足也。宣帝元康三年诏曰："神爵集雍"。又诏："神爵五采以万数。"黄霸以鷊雀为神爵。鸿，水鸟也，其色正白。[补曰]《易》："鸿渐于干。"《诗》："鸿飞遵渚。"《曲礼》："前有车骑，则载飞鸿。"注："鸿，取飞有行列也。"鹄，黄鹄也，一举千里，其鸣声鹄鹄云。[补曰]鹄有黄鹄，有白鹄。《庄子》："鹄不日浴而白。"《楚辞·惜誓》："黄鹄之一举兮，知山川之纡曲。再举兮，睹天地之圜方。"昭帝始元元年，黄鹄下建章宫太液池中。雁亦鸿类也，其色苍黑。[补曰]"大曰鸿，小曰雁。《禹贡》："阳鸟攸居。"注："随阳之鸟，鸿雁之属。"《归藏》曰："有凫鸳鸯，有雁鷫鹴。"《昏礼》："纳采用雁。"《诗》："雝雝鸣雁。"《周礼》："大夫执雁"，"取其候时而行"。鹜，一名舒凫，即今之鸭也。[补曰]《周礼》："庶人执鹜。""取其不飞迁。"鸭或作鴄，乌甲反。雉有十四种，其文采皆异焉。[补曰]《易》："离为雉。"《周礼》："士执雉。"注："取其守介而死，不失其节。"《说文》："雉有十四种：卢诸雉、乔雉、鳪雉、鷩雉、秩秩海雉、翟山雉、翰雉、卓雉。伊洛而南曰翚，江淮而南曰摇，南方曰𢑧，东方曰甾，北方曰稀，西方曰蹲。"《夏小正》："正月，雉震呴。"《汉·五行志》："听察，先闻雷声，故《月令》以纪气。"

鹰鹞鸨鸹翳雕尾。鹞音耀，一作鹞。鸨音保。鸹音括。翳，一作鷖，一作鷩。雕与鵰同，一作鵰。

鹰，一名来鸠，亦曰爽鸠。[补曰]鹰，鸟之挚者。《禽经》曰："鸟之小而鸷者皆曰隼，大而鸷者皆曰鸠。""正月鹰化为鸠，秋则鸠化为鹰，故鹰通有鸠名。"魏彦深《鹰赋》云："寅生酉就，揔号为黄。二周作鶬，千日成苍。"鹞，一名题肩，亦曰击征，又名负爵，色类甚多，皆鸷鸟也。郑康成以击征为鹰，失之矣。[补曰]古语："在南为鹞，在北为鹰。"《月令》："征鸟厉疾。"注："齐人谓之击征，或名曰鹰。"李善云："鸷击之鸟，通呼曰隼，一曰鹞也。"一作鸲，音欲。《考工记》："鸜鸲不逾济。"《春秋》："有鸜鸲来巢。"鸨，大鸟，其肉出尺胾，今俗呼为独豹。豹者，鸨声之讹耳。鸨，字或作鴇，音读亦同。[补曰]《诗》："肃肃鸨羽。""鸨之性不树止。"《说文通释》曰："鸨，虎文无后指，大如雁。"胾，脔也。《广韵》："鸨，亦作鮑。"鸹者，鸧也，关西谓之鸹鹿，山东谓之鸹捋，来夺反。皆象其鸣声也；又呼为错落，亦鸧声之转也。鸧音仓。黄氏曰："鸹，鹒也。"[补曰]《广韵》："《韩诗》云：'孔子渡江见之，异，众莫能名。孔子尝闻河上人歌曰：鸹兮鸧兮，逆毛衰兮，一身九尾长兮。'鸧，鸹也。"《尔雅》《说文》："鸧，麋鸹也。"翳，谓凡鸟羽之可隐翳者也。舞者所持羽翿以自隐翳，因名为翳云。今雅乐《文康部》所持者，即此物也。一曰：翳者，谓华盖也。今之雉尾扇是其遗象。翿，徒到反，又徒刀反。[补曰]翳，一名鹥，凤类，身有五采。《楚辞》："驷玉虬以椉鹥。"音乌鸡反，又乌计反。一作翳。司马相如赋："拂翳鸟。"注："《山海经》：'九疑山五采鸟名翳鸟。'"《文康部》："按隋时每奏九部乐终，辄奏《文康乐》。一曰《礼毕》。"出庾亮家，谓之《文康乐》，唐太宗命削去之。黄氏本作鷩。注曰："鷩，雉属，似山鸡而小。"[补曰]《说文》："鷩，赤雉也。"《周礼》："孤服鷩冕。"一云："鵔鸃、鷩鸟也。"必灭反。雕亦大鸷音挚。鸟也，一名鷻。徒端反。其尾尤盛，故特称之耳。[补曰]古鵰字作雕，籀文作鵰，似鹰而大，鹗之类。古语曰："鵰鶵生鵰。"《淮南子》："鸟有沸波。"大鵰也。《说文》："雕，鷻也。"《诗》："匪鷻匪鸢。"《李广传》："射鵰。"注："一名鹫，翮可以为箭羽。"《山海经》云："景山多鹫，黑色多力。"《说文》曰："鹫，黑色多子。"《禽经》云："鵰以周之，鹫以就之。"师旷曰："南方有鸟名曰羌鹫，黄头赤目，五色皆备。"《匈奴传》"就羽"，注："就，大鵰也。"《太玄》："雕鹰高翔。"

鸠鸽鹑鴳中网死。鴳音晏，於谏反。中，陟仲反。

鸠有杂种，其名非一，鵻鸠、鶌鸠、鵻鸠、鵖鸠、鵴鸠、鸤鸠之类皆是。鶌，居物反。鵻音葵。

鵖音及，钜立反。鴀音浮。[补曰]《尔雅》："鶌鸠，似山鹊而小，短尾，青黑色，多声，江东亦呼为鹘鵃。""鵖鸠"，"小黑鸟，名自呼，江东名为乌鸱"。"鸤鸠"，"今之布谷也，江东呼为获谷"。一名鴶鵴。《方言》："鸠，关西小者谓之𪁗鸠"，"今荆鸠也"，"或谓鹁鸠，或谓鴀鸠"，"关东其𪁗鸠谓之鹡鷎"。"鸤鸠，燕东北谓之鶝鴓。"《诗》："鸤鸠在桑，其子七兮。"《左传》"祝鸠"，"又名鴀鸠"，鴀鸠即鸤鸠也。𪁗音役。鵃音嘲。鸽似鴀鸠而色青白，其鸣声鸽鸽，因以名云。[补曰]《楚辞》："内鸧鸽鹊。"注："鸽似鸠而小，青白。《说文》："鸠属也。"鹑，鹌属也，一名鹩。其雄曰鶛，雌曰庳，其子曰鴍。鹌，乌含反。鹩音辽，又力召反。鶛音皆。庳音婢。鴍音文。[补曰]鹑，鸟之淳者，言上世之俗曰鹑居彀食，尾秃若衣之短结。子夏衣若悬鹑。《列子》言蛙化为鹑。《淮南》云："虾蟆为鹑。"《内则》《公食大夫礼》馔有鹑。《夏小正》："驾鹌也。"《庄子》曰："未尝好田而鹑生于宎。"司马彪云："宎，东北隅。一曰东南隅，鹑火之地，故生鹑也。"鴳，谓鴳雀也，一名雇。今俗呼为鴳烂堆。雇音扈。堆，丁回反。[补曰]《内则》庶羞有"鷃"。《晋语》："平公射鴳。"注："鴳，扈，小鸟也。"《庄子》："斥鴳笑之。""亦作鷃。"言此众鸟皆为人所捕，触于罗网而致死也。[补曰]《诗》："雉离于罗。"注："鸟网为罗。"《说文》:"芒氏初作罗。"《世本》:"庖羲臣芒作网。"《周礼·庖人》"六禽",郑司农云:"雁、鹑、鷃、雉、鸠、鸽。"網,《说文》作网。

鸢鹊鸱枭惊相视。鸢,一作戴,音缘。

鸢,即今俗所呼老鸱者也。[补曰]《诗》:"鸢飞戾天。"《苍颉解诂》:"鸢即鸱也。"朱云曰:"戴鹊遭害,则仁鸟增逝。"《曲礼》:"前有尘埃,则载鸣鸢。"注:"鸢鸣则将风。"鹊者,亦因鸣声以为名也。其为鸟也知来,作巢则避太岁。[补曰]《淮南子》:"鹊巢知风之所起","太阴所建,鹊巢乡而为户"。《禽经》曰:"乌鸣哑哑,鸾鸣噰噰,凤鸣喈喈,皇鸣啾啾,雉鸣鷕鷕,鸡鸣咿咿,莺鸣嘤嘤,鹊鸣唶唶,鸭鸣呷呷,鹄鸣哠哠,鵙鸣哯哯。"《说文》:"舄者知太岁之所在。"上已言鸢,下又言鸱者,谓鵂莫项反鸱、茅鸱、怪鸱之属,非止一也。枭,土枭也。[补曰]《尔雅》:"鸱鸮、鸋鴂。狂、茅鸱、怪鸱、枭鸱。"《诗》:"有鸮萃止。""翩彼飞鸮。""为枭为鸱。""恶声之鸷鸟也。"汉使东郡送枭,五月五日作枭羹赐百官。惊相视者,叙其众多杂居处也。[补曰]言畏人而惊谔也。

豹狐距虚豺犀兕。距虚,一作駏驉。

豹,似乌涂而圜文。[补曰]乌涂,虎也。《左传》“於菟”、《说文》“乌䖘”、《汉书》“於择”。豹有数种，有赤豹，《山海经》：“春山，多赤豹”，《诗》：“赤豹黄罴。”陆玑疏云：“尾赤而文黑。”有玄豹，《山海经》：“幽都之山有玄虎、玄豹。”《淮南子》：“散宜生得玄豹。”《王会篇》：“屠州黑豹。”有白豹，别名貘，《太玄》：“斐如邠如，虎豹文如。”狐，妖兽也，鬼所乘。［补曰］《易》：“小狐汔济，濡其尾。”狐性善疑，河冰合时，听冰下水无声，乃行。狐色赤。《诗》：“莫赤匪狐。”雄狐，君子之象。秦伐晋，筮曰：“获其雄狐，其状锐口而大尾。”青丘狐九尾。《慎子》曰：“狐白之裘，非一狐之皮。”《说文》：“狐有三德：其色中和，小前大后，死则丘首。”距虚，即蛩蛩音邛。也，似马而有青色。一曰：距虚似蠃音罗。而小。［补曰］《尔雅》：“西方有比肩兽焉，与邛邛岠虚比，为邛邛岠虚啮甘草，即有难，邛邛岠虚负而走。其名谓之蟨。”注：“《吕氏春秋》曰：‘北方有兽，其名为蟨，鼠前而兔后，趋则顿，走则颠。’然则邛邛岠虚亦宜鼠后而兔前，前高不得取甘草，故须蟨食之。今雁门广武县夏屋山中有兽，形如兔而大，相负共行，土俗名之为蟨鼠。音厥。”《穆天子传》：“邛邛距虚日走五百里。”《周书·王会》：“独鹿”贡之。《尔雅翼》云：“邛邛、距虚盖二兽。《子虚赋》曰：‘蹵蛩蛩，辚距虚。’张揖以为‘邛邛，青兽，其状如马，距虚似蠃而小’。《说苑》：‘孔子曰：蛩蛩距虚见人将来，必负蟨以走。二兽者，非性爱蟨也,为得甘草而贵之故也。’然则负蟨者,或邛邛,或距虚,二物不相须也。”“《本草》称‘距虚食庵蔺子而仙,则是物之至骏者’,故昔之言骏马,前类飞鸟,后类距虚,以其前轩而后轻也,岂宜后足若鼠邪。”豺,深毛而狗足。[补曰]《月令》:“季秋,豺乃祭兽戮禽。”《刘子》曰:“豺形似犬而健于犬”,“家有千金之犬而无千金之豺”。《说文》:“《汉律》:能捕豺貀,购百钱。”犀,黑色,似水牛而猪头大鼻,庳音婢。脚,脚有三蹄,其顶额及鼻凡有三角,亦有一角者,善食棘刺。[补曰]《尔雅》:“南方之美,有梁山之犀象。”《山海经》《上林赋》注:犀头似猪,三角,脚似象,大腹,黑色。《国语》:“巴浦之犀。”《异物志》:“角中有光耀白理自本达末,为通天犀。”《援神契》曰:“神灵滋液则犀骇鸡。”《战国策》:楚献“鸡骇之犀”于秦王。《九叹》曰:“弃鸡骇于箱簏。”兕似野牛而色青,重千斤,一角,角甚大。[补曰]《诗》:“殪北大兕。”《国语》:“唐叔射兕于徒林,殪,以为大甲。”《楚辞》:“君王亲发兮惮青兕。”角善触,故曰兕无所投其角。古以为觥。《说文》:“觵,兕牛角可以饮。”《乡射礼》:“大夫兕中。”

狸兔飞鼯狼麋麐。鼯音吾。麐音几。

狸,一名貍,亦谓之貔,江淮陈楚谓之为貅,其子隸。貍音邳。貅音来。貔音毗。貄音四。[补曰]狸者,狐之类。狐,口锐而尾大,狸,口方而身文,黄黑彬彬,盖次于豹,故称"圣人虎别""君子豹别""辩人狸别"。《山鬼》:"乘赤豹,从文狸也。"《方言》:"北燕谓之貊。""音丕。"狸,善搏者也,为小步以拟度焉,其发必获,谓之狸步,量侯道者法之。《说文》:"狸,伏兽,似貙。"兔,其子曰㝃,绝有力者,欣。㝃,敷万反。[补曰]《尔雅》注:"㝃,俗呼曰𫛭。"《古今注》:"兔口有缺,尻有九孔。"《论衡》曰:"兔舐毫而孕,及其生子,从口吐出。"齐之良兔曰东郭㕙。《韩愈传》毛颖称蒙恬取兔毫为笔,乃不其然。蒙恬所造,即秦笔耳,以枯木为管,鹿毛为柱,羊毛为皮,所谓苍毫,非兔毫竹管也。兔毫自汉以来有之。飞鼯,一名飞蝠,音垒。又曰鼯鼠,亦曰夷由,即今俗呼飞生者也。[补曰]《尔雅·释鸟》:"鼯鼠,夷由。"注云:"状如小狐,似蝙蝠,肉翅,翅尾项胁毛紫赤色,背上苍艾色,腹下黄,喙颔杂白。脚短爪长,尾三尺许。飞且乳,亦谓之飞生。声如人呼,食火烟,能从高赴下,不能从下上高。"《吴都赋》:"追飞生。"《上林赋》"飞蝠",注:"鼯鼠也。"《唐·地理志》:"台州贡飞生鸟。"狼似青狗,走则健顾,其牡者曰獾,牝者曰狼,其子曰獥,绝有力者曰迅。獾音欢。獥,工吊反。迅,息刃反。[补曰]《说文》:"狼似犬,锐头白颊,高前广后。"《方言》:"獾,关西谓之貒。"狼,贪猛之兽。《太玄》:"狼盈口,矢在其后。"《国语》:"如饿豺狼焉。"麋似鹿而大,冬至则解角,目上有眉,因以为名也。其牡者曰麔,其久反,音咎。牝者曰麎,音辰。其子曰麇,音襖。绝有力者曰狄。[补曰]《左传》:"逢泽有介麋焉。""魏锜见六麋,射一麋以顾献。""乐伯射麋丽龟。"《国语》:"兽长麑麇。""鹿子曰麑,麋子曰麇。陈轸曰:"山泽之兽,无点于麋。"《春秋》多麋。麐。黄氏曰:麐即麃也。[补曰]《山海经》曰:"女几之山多麖麐。"《说文》:"麐,大麋也,狗足。"《尔雅》:"麐,大麔,旄毛狗足。""旄毛猥长。"

麋麈麖麀皮给履。麋,俱伦反。麈音主。麖音京,一作麠。麀音优,一作鹿。

麋,即今之獐也。音章。牡者曰麌,牛羽反。牝者曰麜,音栗。其子曰麆,音助。绝有力者曰豜。音牵。黄氏曰:麋即麐也。[补曰]《诗》作麕。齐人谓麕为獐。《古今注》:"獐有牙而不能噬。"《淮南子》曰:"鹿之上山,獐不能跂也。"《左传》:"五牲:麋、鹿、麐、狼、兔。"《内则》庶羞有"麐"。《考工记》:"画缋之事,山以章。""读为獐。"麈似鹿,尾大而一角。谈说者饰其尾而执之,以为仪。[补曰]《山海经》:"纶山、美山多麈。""风雨之山多麈。""即谷之山,多麈。"《周书·王会》:"稷慎大麈。"又《世俘篇》:

"武王狩,禽麈十有六。"麈似鹿而大,麖似鹿而小。《华阳国志》:"郪县宜君山出麈尾。"《上林赋》:"麈麋。"《说文》:"麈,麋属。"字从主,若鹿之主焉。麖似大鹿,一角而牛尾。[补曰]麖似麋。《汉·地理志》云:"粤地山多麈麖。"一作麠。《山海经》:"尸山多麖。"鹿牡者曰麚。音加。牝者曰麀,其子麛,音迷。绝有力者曰麉,音坚。[补曰]《诗》:"麀鹿麌麌。"麀鹿攸伏。"《礼》:"丽皮纳聘。"鹿皮也。皮弁,以白鹿皮为冠,汉武以白鹿皮为币。皮可以给履舄之用也。[补曰]《字书》云:"草曰扉,麻曰屦,皮曰履,黄帝臣于则所造。"

寒气泄注腹胪胀。胀音帐,一作张。胪音闾。

寒气,中寒冷之气也。[补曰]医和曰:"阴淫寒疾。"泄,利也,言水谷漏泄也。[补曰]《素问》:"春伤于风,乃为洞泄。"《易纬》云:"病泄注腹痛。"注者,注易之病,一人死一人复得,气相灌注也。[补曰]《说文通释》:"医家言病疰有鬼,疰言鬼气转相染著注也。"腹前曰胪。胀,谓腹鼓胀也。[补曰]《广韵》:"胀满。"《吕氏春秋》:"处腹则为张为府。"《左传》:"晋侯欲麦,将食,张。"注云:"张,腹满也。"《山海经》:"羊桃治皮张。"《韩诗外传》十二疾有

“胀”。一曰：胪，皮也。[补曰]《说文》：“胪，皮也”。《通释》：“今人亦言皮胪。”《易纬》云：“病胪肿。”

痂疕疥疠痴聋盲。痂，古牙反。疕，匹婢反。盲，叶亡亮反。《周礼》：“盲眂”，音望，一作忘。

痂，创上甲也。[补曰]《说文》：“痂，干疡也。”《通释》曰：“今谓疮生肉所蜕干为痂。”《南史》：“刘邕嗜疮痂。”疕谓薄者也。黄氏曰：疕，头疡，又疮上甲。[补曰]《周礼·医师》：“疕疡者造焉。”注：“疕，头疡，亦谓秃也。”《说文》：“痟，酸痟也。”《周礼》：“春时有痟首疾。”疥，小虫攻啮皮肤，灌干贿反。错如鳞介也。[补曰]《说文》：“疥，搔也。”《内则》注：“苛，疥也。”《周礼》：“夏时有痒疥疾。”《山海经》：“黄雚，浴之已疥。”《越世家》：“子胥曰：‘齐与吴，疥瘲也。’”蔡邕曰：“边垂之患，手足之疥搔。”疠，恶疾也。[补曰]疠，疾疫，民皆病曰疫。《庄子》：“物不疵疠。”《周礼》注：“疠疾，气不和之疾。”痴，不慧也。[补曰]痴，神思不足。《昌邑王贺传》：“清狂不慧。”注：“如今白痴。”耳不闻声曰聋，目不见色曰盲也。[补曰]《左传》：“耳不听五声之和为聋，目不别五色之章为昧。”《国语》：“蒙瞍修声，聋聩司火。”“无目于音声审，耳无闻于视审。”盲，一作忘，音妄。《汉·王褒传》:"太子苦忽忽善忘。"《诗释文》云:"古人韵缓,不烦改字也。"

痈疽瘛疭痿痹痮。瘛音掣,又充制反。疭音纵,又子容反。痿音萎。痹音庇。痮音帐,一作疢。

痈之言壅也,气壅否皮鄙反。结,里肿而溃也。痈之久者曰疽。[补曰]《吕氏春秋》:"辛水所多疽与痤人。"《孟子》:"或谓孔子于卫主痈疽。"注:"痈疽之医也。"《庄子》:"漂疽疥痈","破痈溃痤"。《难经》:"六府不和则留结为痈。"《说文》:"痈,肿也。"瘛疭,小儿之疾,即今痫病也。黄氏曰:小儿惊。[补曰]《艺文志》有《疭瘛方》。痿,不能行也。痹,风湿不仁也。一曰:痿,偏枯也。黄氏曰:痿,湿病,两足不能相及。痹,脚冷病。[补曰]《吕氏春秋》:"处足则为痿为蹷。"《韩诗外传》:人主十二疾有"痿""痹":"省事轻刑则痿不作。""无使贤人伏匿则痹不作。"《汉》:"韩王信曰:如痿人不忘起。""哀帝痿痹",注:"两足不能相过曰痿。"《说文》《广韵》:"痹,湿病。""湿则营卫气不至而顽痹。"《艺文志》注:"痹,风湿病。"扁鹊为耳目痹医。《仓公传》:"齐王病,众医以为蹷,诊脉以为痹。"《素问》:"内为骨痹,外为不仁。"痮,四体强急,难用屈申也。字或作疢,音义并同。黄氏曰:痮即胀字。[补曰]《说文》:"痓,强急也。巨井反。"《广韵》:"痉,风强病也。"《说文》:"疢,热病也。丑刃反。"《诗》:"疢如疾首。"《左传》:"美疢",《孟子》:"疢疾",与痮字音义异,韵亦不叶,未详。痮字与胀同,疑当作痉,叶音痮。

疝瘕癫疾狂失响。疝音讪,又音删。瘕,加雅反,又音遐。颠,一作癫,响,叶音向。

疝,腹中气疾上下引也。[补曰]《说文》:"肠痛。"《艺文志》有《疝方》。《仓公传》:"齐郎中令循病,诊曰涌疝。""项处病,诊曰牡疝。"瘕,症也。[补曰]《说文》:"女病也。"《仓公传》:"潘满如病,诊曰遗积瘕。""临菑女子薄吾蛲瘕。"《广韵》:"久病腹内。"颠疾,性理颠倒失常,亦谓之狂獝,葵橘反。妄动作也。[补曰]《艺文志》有《狂颠病方》。《说文》作瘨。"扬雄曰:'臣有瘨眩病。'瘨,倒也。"《庄子》曰:"阳气独上,则为癫病。"《汉·王子侯表》:"病狂易。"注:"病狂而改易其本性。"《素问》:"多喜曰瘨,多怒曰狂。"《甘泉赋》:"抶獝狂。"失响者,失音不能言也。[补曰]《国语》:"嚚瘖不可使言。"《文子》《淮南子》曰:"皋陶瘖。"

疟瘚瘀痛瘼温病。疟音虐。瘚音厥,一作癞。瘀,了遽反。瘼,一作痳。病,叶音恙。

痁,寒热休作之病,言其酷虐也。[补曰]《左传》:“齐侯疥,遂痁。”注:“痁,疟疾。”“《说文》:‘有热疟。’疥,当作痎。《说文》:‘两日一发之疟。’”“许悼公疟。”《汉旧仪》:“颛顼子,一居江水为疟鬼。”《周礼》:“秋时有疟寒疾。”《素问》:“夏伤于暑,秋为疟疾。”瘚者,气从下起,上行入心胁也。[补曰]《韩诗外传》“人主之疾”有十二,其一曰“厥”:“无使小民饥寒,则厥不作。”以逆气喻之。《扁鹊传》:虢太子病“尸蹷”。《易纬》:“病厥眩。”《素问》:“阳气衰为寒厥,阴气衰为热厥。”《列子》:“愦厥之疾。”注:“气疾。”《说文》:“瘚,逆气也。”瘀,积血之病也。[补曰]《太玄》:“为疾瘀。”《九辩》云:“形销铄而瘀伤。”注:“瘀,血败也。”痛,揔谓诸痛也。[补曰]《内则》:“疾痛苛痒。”瘼者,无名之病,常漠漠然也。一曰齐人谓瘵病曰瘼。瘵,侧介反。[补曰]瘵,病劣也。《方言》:“瘼,瘦病也,谓劳复。”《尔雅》:“瘼,病也。”注:“江东呼病曰瘵,东齐曰瘼。”温病,病于温气者也。[补曰]《素问》:“冬伤于寒,春必温病。”厥,一作癞。冉伯牛有疾,先儒以为癞。豫让漆身为厉,音赖。《说文》:“疠,疾。”瘼,一作痳,音林。《说文》:“疝病。”又淋,沥也。

消渴欧逆咳瘶让。欧,一作呕。咳,苦代反。懣，与闷同。

消渴者，引饮不止也。[补曰]《西京杂记》："司马相如素有消渴疾。"李通"素有消疾"，注："消中之疾。"《素问》："多食数溲曰消中。"呕逆，吐他故反。而不下食也。[补曰]《左传》："君将㱿之。"注："呕吐也。"《太玄》："脂牛正肪，不濯釜而烹，则欧歍之疾至。"咳，嗽一作瘶，先豆反。也。[补曰]《月令》："国多风咳。"《素问》："秋伤于湿，上逆而咳。"《周礼》："冬时有嗽上气疾。"懣，烦闷也。[补曰]《吕氏春秋》："胃充则中大鞔。"读曰懣。《仓公传》："气鬲，使人烦懣，食不下。"让，大便节蕴积而利也。蕴，于粉反。[补曰]《仓公传》："不得后溲。"

瘅热瘘痔眵𧄍眼。 瘅音亶。瘘音漏。痔音峙。眵，充支反。𧄍音蔑，一作矎。眼音谅。

瘅热，黄病也。黄氏曰：瘅字应作疸，黄病。《说文》："怛汉反。"[补曰]《诗》："下民卒瘅。"《左传》："荀偃瘅疽。"《艺文志》有《瘅方》。《仓公传》："风瘅客脬。"又："肺消瘅。"《素问》："病口甘者，五气之溢也，名脾瘅。病口苦者，名胆瘅。"瘅、热二病也。《山海经》："鳛鱼，食之不瘅。"医和曰："阳淫热疾。"《庄子》："内热溲膏。"瘘，久创也。创，初羊反。[补曰]《山海经》："䲢鱼可以为瘘。"注："瘘，痈属，中多有虫。”柳子曰：“人之血气败壅底，为痈疡瘘痔。”《淮南子》：“鸡头已瘘。”痔，虫食后之病也。[补曰]《山海经》：“虎蛟可以已痔。”《庄子》曰：“舐痔者得车五乘。”眵，谓眇覭，目之蔽垢也。覭音兜。黄氏曰：“眵，目汁凝也。”[补曰]《榖梁传》：“晋郤克眇。”韩文公诗：“两目眵昏。”蔑，目眦伤赤也。眦音渍。黄氏曰：“目眵也。”[补曰]宋玉《风赋》：“得目为蔑。”《广韵》：“目赤。”俗作𧢻。《易纬》：“病蔑。”《吕氏春秋》：“处目则为𧢻为盲。”眼，目视不正也。[补曰]《广韵》：“眼，目病。”亦作睕。“睕眹，目病。”《雷公论》：“目辟眼䁯，有五花而自正。”五花，五加皮。

笃癃癀废迎医匠。癃音隆，一作㿉。癀废，一作衰废。

笃，重病也。癃，疲病也。[补曰]《尔雅》：“笃，困也。”陈汤曰：“小臣罢癃。”《高帝纪》：“癃病勿遣。”《史记·平原君传》：“躄者曰：有罢癃之病。”罢音皮。索隐云：“背疾，言腰曲而背癃高也。”《光武纪》：“笃癃”，谓形穹隆然也。癀，损耗也。废，四支不收。一作疲癃。[补曰]嵇康《养生论》：“积损成衰。”《说文》：“癀，减也。一曰耗也。”“废，固病也。”《王制》注：“废疾，废于人事。”《左传》：“公族穆子有废疾。”《月令》：“国多固疾。”医匠，疗病之工也。古者巫彭初作医。疗,力召反。[补曰]《说文》:"医,治病工也。""殹,病声。酒所以治病。"《艺文志》:"大古有岐伯、俞拊,中世有扁鹊、秦和,汉有仓公。"《说苑》:"上古为医者曰苗父","中古为医者曰俞拊"。《素问》:"上古使僦贷季理色脉而通神明。"注:"岐伯祖世之师。"郭璞《巫咸山赋序》:"巫咸以鸿术为帝尧之医。"《子华子》:"医者,理也。理者,意也。"匠,工也。汉有医工长。

灸刺和药逐去邪。灸音究。刺,七赐反,又七亦反。去,起吕反。邪,叶祥余反。《诗》:"思无邪,思马斯徂。"音徐。

灸,以火艾灼病也。[补曰]《仓公论》:"俞所居,定砭灸处。"刺,以箴刺之也。箴,之林反。[补曰]《南史》:"王僧孺云:古者以石为针。"《说文》"砭"字云:"以石刺病也。"《东山经》:"高氏之山,多针石。"《春秋传》:"美疢不如恶石。"注:"云砭石也。季世无复佳石,以铁代之。"《史记》:"扁鹊使弟子子阳厉针砥石,以取外三阳五会。"又曰:"疾在血脉,针石之所及也。"《帝王世纪》:"黄帝命雷公、岐伯教制九针。"《素问》:"岐伯曰:'镵石针艾治其外。'"和药,合和众药也。草、木、金、石、鸟、兽、虫、鱼之类,堪愈疾者,总名为药。[补曰]《说文》:"药,治病草。"

《周礼》注:“五药,草、木、虫、石、谷也。”《世本》曰:“神农和药济人。”《艺文志》:“本草石之寒温,量疾病之浅深,假药味之滋,因气感之宜,辨五苦六辛,致水火之齐,以通闭解结,反之于平。”《本草》:“上药一百二十种,为君,主养命以应天。中药一百二十种,为臣,主养性以应人。下药一百二十五种,为佐使,主治病以应地。三品合三百六十五种,法三百六十五度,一度应一日,以成一岁。倍其数,合七百三十名。”《周礼》注:“治合之剂,存乎神农、子仪之术。”桐君有《药录》,雷公有《炮炙论》,仓公教以“和齐汤法”。凡人正气不足,则邪气入体而病生焉,故叙攻病云“逐去邪”也。[补曰]吕献可《医铭》:“察脉之原,当于未然。不攻而胜,庶几十全。愈世之病,如持国柄。常使众邪,不得干正。”

黄芩伏苓礜茈胡。芩音琴,其今反。礜音豫,弋庶反,茈,古柴字。

黄芩,一名空肠,一名腐肠,腐,扶羽反。一名内虚,一名妒妇。[补曰]《本草》:“苗长尺余,茎干粗如箸,叶丛生。亦有独茎者,叶细长,青色,两两相对。”《说文》:“黄莶。”伏苓,一名茯菟,生大松树下,盖松脂所化作也。[补曰]《史记·龟策传》:“下有伏灵,上有兔丝。”《典术》云:“松脂入地,千岁为茯苓,望松树赤者,下有之。”礜,礜石也。一名青分,一名制石,又名泽乳,亦曰食盐。[补曰]礜性热有毒。《说文》:“毒石也,出汉中。”《周礼》注:“医方有五毒之药,合黄堥,置石胆、丹砂、雄黄,礜石、慈石其中,烧之,其烟上著,以鸡羽扫取之,以注创。”《山海经》:“皋涂山有白石名礜,可以毒鼠。”《淮南子》曰:“人食礜石死,蚕食之不饥。”《广韵》:“蚕食之肥,鼠食之死。”茈胡,一名地薰,许云反。一名山菜。[补曰]《本草》:“银州为胜。茎青紫,叶似竹叶,黄花,青子。”

牡蒙甘草菀藜芦。菀,于阮反。

牡蒙,一名黄昏。[补曰]《本草》:“吴名白功草,楚名王孙,齐名长孙。一名黄孙,一名海孙,一名蔓延。《药对》有牡蒙。此一物。”甘草,一名蜜草,一名蕗,音路。一名蘦,音灵。一名大苦。[补曰]《诗·隰有苓》:“采苓采苓,首阳之巅。”注:“苓,大苦。”《释文》:“即甘草,叶似地黄。”《尔雅》注:“蔓延生,叶似荷,青黄,茎亦有节,节有枝相当。”《本草》云:“调和诸药,号国老。”《说文通释》:“以义断情欲为戒,若药家之用甘草为国老,大黄为将军。”菀,谓紫菀、女菀之属也。[补曰]《说文》:“茈菀出汉中房陵。”《本草》:“紫菀,一名紫倩,一名青菀。又,白者名白菀，即女菀也。”藜芦，一名葱苵，他敢反。一名山葱。［补曰］《本草》：“叶似郁金，蘘荷根若龙胆，茎下多毛，夏生冬凋。”

乌喙附子椒芫华。喙，许秽反，一作啄。芫音元。华，叶芳无反，古读为敷。《诗》“唐棣之华”“舜华”“荷华”“黍稷方华”，叶车、琚、且、涂韵。《说文》：“华，草木华也。”音敷，又音吁。

乌喙，形似乌之嘴也。嘴，子蕊反。［补曰］《苏秦传》：“饥而不食乌喙。”《本草》：“乌头，一名奚毒，一名乌喙，一名毒公。华厚，茎方，中空，有两歧相合如乌喙。”《尔雅》：“芨，堇草”，“即乌头也”。附子，附大根而旁出也。此与乌头、侧子、天雄本同一种，但以年岁远近为殊，采之有异，功用亦别。说者云：一岁为侧《广雅》作萴。子，二岁为乌喙，三岁为附子，四岁为乌头，五岁为天雄。［补曰］《后汉》：“霍谞曰：疗饥于附子。”《盐铁论》：“如食萴之充肠。”谢灵运《山居赋》：“三建异形而同出。”《本草》：“冬月采为附子，春月采为乌头。”侧，一作萴。《说文》：“萴，乌喙也。”《淮南子》：“奚毒即附子。”椒，谓秦椒及蜀椒也。椒之大实者名檓。音毁。［补曰］《尔雅》：“檓，大椒。”注：“丛生实大者名为檓。”《诗》：“椒聊之实。”陆玑疏云：“似茱萸，有针刺茎,叶坚滑。""贻我握椒。""椒之实芬香,故以相遗。"《范子计然》云:"蜀椒出武都,赤色者善。秦椒出天水陇西,细者善。"《山海经》:"景山多秦椒。"注:"子似椒而细叶。"《本草》:"实大者为秦椒,或呼大椒。"又有"蔓椒","一名豕椒"。"胡椒生南海诸国。"
芫华,一名鱼毒,渔者煮之以投水中,鱼则死而浮出,故以为名。其根曰蜀桑,其华可以为药。芫字或作杬。《尔雅》曰:"杬,鱼毒。"郭景纯解云:"大木,生南方,皮厚汁赤,堪藏卵果。"此说误耳。其生南方用藏卵果者,自别一杬木,乃左思《吴都赋》所云"绵杬杶栌"者耳,非毒鱼之杬也。杶即椿字。[补曰]《本草》:"一名去水,一名杜芫,其根名蜀桑,根紫,花颇似紫荆而作穗,又似藤花而细。""一名皃草。"汉仓公以芫华一撮愈蛲瘕,魏青牛先生常服之。蛲音饶。《山海经》:"首山,草多茉芫。"

半夏皂荚艾橐吾。荚音颊。

半夏,五月苗始生,居夏之半,故为名也。一名地文,亦名守田。[补曰]《月令》:"仲夏,半夏生。"《本草》云:"五月采者虚小,八月采者实大。"皂荚树,一名鸡栖。[补曰]《本草》云:"有三种,形如猪牙者良。"艾,一名冰台,一名医草。[补曰]

《诗》:“彼采艾兮。”注:“所以疗疾。”《孟子》:“七年之病,求三年之艾。”师旷占:“岁欲疫病草先生。”橐吾,似款冬而腹中有丝,生陆地,华黄色。一名兽须。[补曰]兽须,虎须也。《本草》:“款冬花一名橐吾,一名颗东,一名虎须,一名菟奚。”《尔雅》云:“菟奚,颗涷。”注:“款涷也,紫赤华,生水中。”柳子厚《柳州山水记》:“其山多橐吾。”

芎䓖厚朴桂栝楼。芎,去弓反。䓖,渠弓反。栝,古活反。楼,叶力俱反。

芎䓖,一名胡䓖,一名香果,其叶名蘼芜。[补曰]根曰芎䓖,苗曰蘼芜,似蛇床。《山海经》:“号山多芎䓖。”“洞庭之山多芎䓖。”《左传》:“有山鞠穷乎”,注:“所以御湿。”“鞠,起弓反。”《本草》:“芎䓖茎细。”《淮南子》谓:“乱人者,若芎䓖之与藁本,蛇床之与蘼芜。”其叶香,或莳于园庭,芬馨满径。芎,《说文》作营。厚朴,一名厚皮,一名赤朴,凡木皮皆谓之朴。此树皮厚,故以厚朴为名。其树亦名榛,其子名逐析。[补曰]《上林赋》注:“此药以皮为用,而皮厚。”《本草》:“叶四季不凋,红花青实,皮鳞皴而厚。”“《广雅》谓之重皮。”桂,谓菌渠陨反。桂、牡桂之属,百药之长也。[补曰]《尔雅》:“梫,木桂。”注:“南人呼桂厚皮者为木桂,叶似枇杷而大,白华,不著子，丛生岩岭，枝叶冬夏常青，间无杂木。”《本草》谓之牡桂，生南海。《离骚经》“菌桂”，《本草》云：“叶似柿而尖狭，花白蕊黄，正圆如竹。”亦名筒桂，出交阯。栝楼，一名果蠃，一名王瓜，亦曰天瓜。《礼·月令》：“孟夏之月，王瓜生。”郑康成以为萆挈，非也。蠃，郎果反，萆，步八反。《本草》“菝葜”。挈，口黠反。［补曰］《诗·东山》云：“果蠃之实。”《尔雅》：“栝楼”，“叶如瓜叶形，两两相值”。齐人谓之天瓜。其实有正圆者，锐而长者，其根岁久入土深者佳。

款东贝母姜狼牙。东，一作冬。牙，叶音虞。《诗·驺虞》叶音牙。《祈父》：“予王之爪牙”，叶五胡反。

款东即款冬也，亦曰款涷，音东。以其凌寒叩冰而生，故为此名也。生水中，华紫赤色。一名兔奚，亦曰颗东。［补曰］傅咸《款冬赋序》：“仲冬之月，冰凌盈谷，积雪被茎，顾见款东，炜然始敷华艳。”《述征记》曰：“洛水至岁凝厉，则款冬茂悦曾冰之中。”叶似葵而大，丛生，花出根下。《本草》以款冬为橐吾，此又有款冬，则橐吾别是一物，当考。贝母一名虻，一名药实，一名苕《本草》作若。华，一名勒母，其根正白，形颇似贝，故呼贝母。［补曰］《本草》：“一名空草，一名苦花，生晋地，叶似大蒜。”《诗》：

“陟彼阿邱，言采其虻。”注：“贝母也，主疗郁结之疾。”陆玑疏曰：“其叶如栝楼而细，其子在根下，如芋。”《尔雅》：“莔，贝母。”注：“根如小贝，员而白，华叶似韭。”《说文》：“莔，武庚反。”姜，谓生姜、干姜也。［补曰］《说文》：“薑，御湿之菜。”《吕氏春秋》：“和之美者。”狼牙，一名牙子，一名狼齿，又名犬牙。［补曰］《本草》云：“苗绿根黑，萌芽若兽之齿牙，故名之。六月以前用叶，以后用根。”

远志续断参土瓜。参，山林反。瓜，叶音狐，又攻呼反，见《诗·木瓜》《七月》《信南山》。

远志，主益智惠而强志，故以为名。一名葽绕，一名棘菀。其叶名小草，亦目其细小也。葽，乌了反，音杳。菀，於元反。［补曰］《尔雅》注：“似麻黄，赤华，叶锐而黄，其上谓之小草。”《广雅》：“葽，远志也。”《本草》：“茎叶似大青而小。”续断，一名接骨，即今所呼续骨木也。又有草续断，其叶细而紫色，根亦入药用。［补曰］《本草》：“续断，一名属折，叶似苎，茎方，两叶对，花红白，根如大蓟。”参谓人参、丹参、紫参、玄参、沙参、苦参也。［补曰］《说文》：“人葠，药草，出上党。山林切。”《本草》：“人参，一名神草。高丽人作赞曰：‘三桠五叶，背阳向阴，欲来求我，椵树相寻。’丹参一名赤参，花紫根赤，紫参，一名牡蒙，叶似槐，根皮紫黑。玄参一名鹿肠，根青白，叶尖长，合香用之，俗呼为馥草。沙参，一名虎须，一名白参，花白，根若葵根。苦参，一名苦蘵（音识）一名地槐，叶似槐，花黄白。”齐中大夫病龋齿，仓公为苦参汤。土瓜，一名菲，芳尾反。一名芴。音勿。［补曰］《诗》：“采菲。”注：“芴也。”陆玑云：“菲似葍，茎粗，叶厚而长，有毛。”《尔雅》注：“郭璞曰：菲，芴，土瓜也。”

亭厯桔梗龟骨枯。桔，音结。梗，古杏反。

亭厯，一名丁厯，一名蕇，一名狗荠。蕇音典。［补曰］《月令》：“孟夏，靡草死。”“旧说云：荠亭厯之属。”《尔雅》注：“实叶皆似芥。”师旷占：“以为苦草。”《本草》：“苗叶似荠，根白，枝茎青，花微黄，结角，子扁小如黍米。立夏后采实。”桔梗，一名利如，一名梗草。［补曰］《管子》：“五位之土，群药安生，姜与桔梗，小辛大蒙。”《本草》：“叶似杏叶而长椭，四叶对生，叶名隐忍，其根有心，无心者乃荠苨也，二物颇相乱。”《庄子》曰：“药也，其实堇也，桔梗也，鸡雍也，豕零也，是时为帝者也。”龟骨谓龟甲也。枯者，言其已死，骨干枯也。［补曰］《本草》：“龟甲，益气资智，一名神屋。钻遍者名败龟。”

雷矢藿菌荩兔卢。藿，胡官反。菌，渠陨反。荩，徐刃反。

雷矢，即雷丸也，又名雷实。[补曰]《本草》："雷丸，竹之苓也，无苗，蔓累累相连如丸。"《范子》云："雷矢出汉中，色白者善。"《唐·地理志》："房、金州贡雷丸。"藿菌，一名藿芦，生东海池泽及渤海章武，此藿芦之地所生菌也。旧云是鹳矢所化，故其为药毒烈而去腹中痼病焉。[补曰]《本草》："出芦苇泽中咸卤地，自然有此菌，非鹳矢所化生也。菌色白轻虚。"荩草治久咳，杀皮肤小虫，又可以染黄而作金色。[补曰]《本草》："叶似竹而细薄，茎圆小，俗名菉。《尔雅》所谓王刍，今呼鸱脚莎。"《诗》："终朝采绿。"笺云："王刍。"兔卢即兔丝也，色黄而细者为兔丝。一名兔缕，一名唐，一名蒙，一名女萝，一名玉女，一名赤网。粗而色浅者为兔卢，卢亦缕也。一名兔累。累者，绳索之意也。[补曰]《尔雅》："唐、蒙，女萝。女萝，菟丝。"陆玑疏云："今菟丝蔓延草上，黄赤如金，非松萝。松萝自蔓松上生，枝正青，与菟丝殊异。"《释文》曰："在草曰兔丝，在木曰松萝。"《本草》："一名菟芦。"

卜问谴祟父母恐。谴，去战反。祟，息遂反。问，一作梦。

言家有不安,所以卜问,及云鬼神谴责,用致祸祟,故家长恐惧也。以龟曰卜。[补曰]《太玄》曰:“疾则药,巫则酌。”故次以卜祷。《吕氏春秋》:“今世尚卜筮祷祠,故疾病愈来。”《说文》:“祟,神祸也。”《左传》:“晋侯有疾,卜人曰:‘实沈、台骀为祟。’”“楚昭王有疾,卜曰:‘河为祟。’”《论语》:“父母唯其疾之忧。”

祠祀社稷丛腊奉。丛,一作菆,音同。

祠者,伺而祭之。祀者,祭无已也。[补曰]《曲礼》:“祷祠祭祀”,“求福曰祷,求得曰祠”。汉高帝诏曰:“吾甚重祠而敬祭。”长安置祠祀官。《说文》:“祠,品物少,多文词也。”“《汉律》曰:‘祠袦司命。’”社,地主也。稷,先农也,故求福焉。[补曰]郑康成云:“社,五土总神。”稷,原隰之神。句龙、后稷配之。秦汉以来,民二十五家以上得立社。丛谓草木岑蔚之所,因立神祠也。《战国策》曰:应侯谓秦昭王。“恒思有神丛,恒思之悍少年,与丛博。”《史记》曰:“吴广之次所旁丛祠中,夜构火。”皆谓此丛也。一曰:丛者,合聚诸神而祭之也。[补曰]《诗》注:“灌木,丛木也。”《太玄》:“牵羊示于丛社。”注:“木聚称丛。”《广韵》:“丛,聚也。”恒本作桓。腊,接也,广祭百神也。[补曰]《风俗通》云:

“夏曰嘉平，殷曰清祀，周曰大蜡，秦汉曰腊。”蔡邕云：“夏曰清祀，殷曰嘉平，周曰蜡，秦曰腊。”“腊者，岁终大祭。”《左传》：“虞不腊矣。”非始于秦也。汉火行衰于戌，故腊用戌日。奉谓供其粢盛牲特币帛，以事神也。盛音成。［补曰］《左氏传》：“季梁曰：‘奉牲以告’，‘奉盛以告’，‘奉酒醴以告’。”

谒禓塞祷鬼神宠。禓音阳，移章反。塞，先代反，一作赛。

谒，告请也。禓，道上之祭也。［补曰］禓，一曰道神。《周礼》注：“衍祭羡之道中，如今祭殇。”《司巫》注：“就巫下禓。”音伤。《郊特牲》：“乡人禓”，注：“禓，强鬼。”塞，报福也。祷，求助也。［补曰］《周礼·都宗人》注：“祭谓报塞。”《韩子》：“秦襄王病愈，杀牛塞祷。”《郊祀志》：“冬塞祷祀。”注：“塞谓报其所祈也。”《广陵王胥传》：“杀牛塞祷。”《外戚传》：“数祷祠解。”《论语》：“子路请祷，子曰：‘丘之祷久矣。’”言既请祷，又报赛之，故为鬼神所宠祐也。［补曰］程子曰：“鬼神者，造化之迹也。”张子曰：“鬼神者，二气之良能也。”《说文》：“古者巫咸初作巫。”

棺椁槥椟遣送踊。槥音卫。遣音谴。踊音勇。

言死亡者，则为棺椁槥椟以遣送之。隐痛之极，故擗踊也。棺，所以敛身。椁，所以敛棺也。擗，拊心也。踊，跳跃也。《孝经》云："擗踊哭泣，哀以送之。"拊，芳羽反。跳，大尧反。擗，频亦反。黄氏曰："槥，小棺。椟即槥。"[补曰]丧礼有遣奠辟踊，哀之至也。范氏《孝经说》曰："死者，人之大变也。为之棺椁者，为使人勿恶也。擗踊哭泣，为使人勿背也。措之宅兆，为使人勿亵也。春秋祭祀，为使人勿忘也。情文尽于此矣。"

丧吊悲哀面目肿。

丧，谓遭丧、持丧也。于字，哭亡为丧。吊谓问终者也，于字，人持弓为吊。上古葬者衣於既反。之以薪，无有棺椁，常苦禽鸟为害，故吊问者持弓会之，以助弹射食亦反。也。[补曰]悲，痛也。哀，闵也。《吴越春秋》："陈音曰：'弩生于弓，弓生于弹，弹起古之孝子。古者人民朴质，死则裹以白茅，投于中野，孝子作弹，以守之，绝鸟兽之害，故歌曰：断竹续竹，飞土逐肉。'"《左传》："宋公嬖向魋，公闭门而泣之，目尽肿。"

哭泣祭醊坟墓冢。醊音缀。

醊谓连续之祭也。[补曰]《后汉·张武传》：

"祭餟。"《广韵》:"餟,祭也。"《说文》:"餟,祭酹也。"《汉志》作腏。哭无声曰泣。坟,封土而高之也。大防曰坟,故取以为名也。墓,圹穴也。谓之墓者,言其幽暗常昏暮也。坟之高者为冢,言其象山顶也。《尔雅》曰:"山顶,冢。"[补曰]《周礼》注:"《汉律》曰:列侯坟高四丈,关内侯以下至庶人各有差。""冢,封土为丘陇,象冢而为之。""墓,冢茔之地,孝子所思慕之处。"《方言》:"冢,秦晋谓之坟,或谓之垅,无坟谓之墓。"注:"言不封也。"《礼记》:"古也墓而不坟。"《说文》:"墓,丘也。"墓谓兆域,今之封茔也。

诸物尽讫五官出。

言已说诸物,次至五官也。古言五官者,揔举众职,以配五行,无所不苞,事起五鸠、五雉,若今言百官也。《礼记》曰:"天子之五官,曰司徒、司马、司空、司士、司寇,典司五众也。"[补曰]《左传》:"少皞氏:五鸠,鸠民。五雉为五工正。"蔡墨曰:"有五行之官,是谓五官。"《国语》:"观射父曰:'有天地神民类物之官,谓之五官。'"《史记·周纪》:"古公作五官有司。"《战国策》:"楚蒙穀献典,五官得法。"《庄子》曰:"五官殊职,君不私,故国治。"

宦学讽《诗》《孝经》《论》。卢昆反。

宦，仕也。言欲仕学者，必当先讽读《诗》及《孝经》《论语》也。《诗》，孔子所删为三百篇者也。《孝经》，孔子为弟子曾参所说也。《论语》，孔子与弟子言，及应对时人之语也。诗，字或作诵。[补曰]《曲礼》："宦学事师。"《左传》："宦三年矣。"注："宦，学也。"《书》曰："学古入官。"《周礼·大司乐》注："倍文曰讽，以声节之曰诵。"（倍音佩。）瞽蒙讽诵《诗》。孔庭之教，学《诗》为先。《内则》："十有三年，诵《诗》。"《荀子》曰："少不讽，壮不论议，虽可，未成也。"

《春秋》《尚书》律令文。

《春秋》，孔子约史记而修之也。天有四时。春为阳中，竹仲反。万物以生；秋为阴中，万物以成，故错牙举之，苞十二月而为名也。《尚书》，孔子所修帝王之书也。谓之"尚书"者，言自上古以来，其事久远也。律之言率也，制法以率下也。一曰：律，述也，具述刑名也。令，命为政也。言宦学之人，又当皆习读此等也。[补曰]《春秋》辨是非，故长于治人。《书》记先王之事，故长于政。魏李悝著《律》六篇；汉萧何定律，合为九篇；叔孙通《旁章》十八篇；张汤二十七篇；赵禹六篇，合六十篇，所谓律也。下令、著令、挈令及令甲、令乙、令丙，所谓令也。兒宽以《尚书》决疑，董仲舒以《春秋》决狱，故继之以律令。幼学壮行，不可不素讲也。

治礼掌故砥厉身。砥音脂，又音旨，一作底。厉，力世反。

治礼，赞礼仪者也，掌故，主故事者也；皆属太常。言始为此职，尚未高显，宜谨饬丑力反。其身，敦修学行也。云砥厉者，盖譬诸金铁磨利之也。细石曰砥，黑石曰厉。或为砺。［补曰］《儒林传》："治礼掌故，以文学礼义为官。"《儒行》曰："砥厉廉隅。"《禹贡》注："砥细于砺，皆磨石也。"《山海经》注："精为砥，粗为砺。"萧望之为治礼丞，晁错、兒宽、匡衡为掌故，皆儒生之始进者。

智能通达多见闻。闻，叶微匀反，见《诗·葛藟》。

［补曰］言通达古今，殚见洽闻也。智足以烛理，能足以应事，而益广其学，则其用不穷矣。

名显绝殊异等伦。

以自砥厉，故得然也。［补曰］修身以立名，卓绝殊特，在众人之右也。等伦，辈也。

抽擢推举白黑分。抽，一作超。分，叶孚巾反，见《荀子·成相》。

贤者升擢，不肖黜退，是为白黑有分别也。［补曰］《薛宣传》："所贬退称进，白黑分明。"注："白黑犹言清浊也。"《荀子》："图回天下于掌上而辨白黑。"

迹行上究为贵人。迹，一作积。行，下孟反。

迹行，行之迹也。上究，闻于天子也。究，竟也。言终始昭著，曾无玷缺，则简在帝心，为贵臣矣。［补曰］武帝诏曰："是化不下究，而积行之君子雍于上闻也。"迹当为积。《孟子》曰："修其天爵而人爵从之。"故继之以爵位。灌夫曰："将军，贵人也。"

丞相御史郎中君。

此即贵人之位也。丞，承也；相，助也，言上承天子而佐助之也。［补曰］秦初置丞相，以樗里疾为右丞相，甘茂为左丞相，其名始于此。汉萧何。御史，御史大夫也，职副丞相。［补曰］御史之名，见于《周官》，以中士、下士为之，特小臣之传命令者耳。至于战国，其职益亲，故献书多云“献书于大王御史”。渑池之会，各命御史书事。而淳于髡亦曰：“御史在前，执法在后。”是又掌记事纠察之任也。至秦人主自视事，以操制臣下，侍御仆从，其势益重，而御史大夫遂与丞相分权矣。汉周苛为之。郎中，郎中令也，掌宫殿门户及从官，并秦所置，而汉因之。君，褒尊大官之名也。从，才用反。［补曰］《百官表》：“郎中令，秦官，掌宫殿掖门户。”瓒曰：“主郎内诸官，故曰郎中令。”鲍氏曰：“郎与廊同。”按《战国策》：“梧下先生见魏王，趋出，至郎门而反。”所谓郎门，即廊之门也。又按《战国策》：“段产谓秦新城君曰：‘今臣处郎中，能无议君于王，而不能使人无议臣于君。’”然则秦昭王之时已有郎中之名，其职已亲近矣。蔡质《汉仪》曰：“尚书郎见左右丞，对揖，无敬称，曰左右君。”此云郎中君犹左右君也。

进近公卿傅仆勋。近，巨靳反。

公卿之被引进而亲近天子者，有此傅、仆、勋。傅，太傅也，傅天子以德义。［补曰］太傅，古官，周公、毕公为之。汉初用王陵。仆，太仆也，主为天子御车马。［补曰］太仆，周下大夫，穆王命伯冏为太仆正，盖大御众仆之长，中大夫也。《百官表》

以为秦官,非也。勋,光禄勋也。汉武帝改郎中令为光禄勋。[补曰]应劭曰:“光,明也。禄,爵也。勋,功也。”居殿中亲近。

前后常侍诸将军。

在天子之前后,即导从者,则有常侍之官及诸将军也。[补曰]汉兴,袭秦制,置中常侍官,引用士人,以参其选,得入禁中。将军,周末官,《国语》:“郑人以詹伯为将军。”卫将军文子。鲁使慎子为将军,汉有左右前后,掌兵及四夷。比公者四:一大将军,次骠骑,次车骑,次卫将军。

列侯封邑有土臣。

列侯,第二十爵也。邑,所食之邑。言封为列侯者,既获邑之土地,又得因有家臣也。[补曰]《百官表》:“爵一级曰公士,二十彻侯,皆秦制。”《续志》:“爵二十等,为彻侯。功大者食县,小者食乡、亭,得臣所食吏民。后避武帝讳改曰通侯,或曰列侯。”

积学所致非鬼神。

言飨此爵禄,皆由勤学即可致之,非别有鬼神之力,此所以深劝学僮也。[补曰]《荀子》曰:

“学者非必为仕,而仕者必好学。”《管子》曰:“思之不得,鬼神教之,非鬼神之力也,其精气之极也。”自武帝表章六经,公卿多文学之士,故以是劝之,然明经术者,志于取青紫而已。

冯翊京兆执治民。

自此以下,泛论职务也。汉武帝始分京师为三辅,京都为京兆,左则为冯翊,右则为扶风。京兆言高而有众也。绝高曰京,十亿曰兆。一曰:京,大也。冯翊,言辅赞政教也。冯,辅也。翊,赞也。扶风者,言扶助风化也。[补曰]《百官表》:“内史,周官,秦掌治京师。景帝分置左右,武帝更右内史为京兆尹,左内史为左冯翊。”“主爵中尉,秦官,景帝更名都尉,武帝更名右扶风,治内史右地。”《三辅黄图》云:“长安以东为京兆,长陵以北为左冯翊,渭城以西为右扶风。”

廉洁平端抚顺亲。

[补曰]廉,敛也,自检敛也。洁,清也。平,正也,和也。端,正也,直也。能此四者,可以抚民而教之礼顺亲爱矣。

奸邪并塞皆理驯。一作阶理巡。驯音巡。

［补曰］奸邪之路绝塞而不行，则民归于善，皆理治而驯顺也。《广韵》："驯，扰也。"《史记》："冉季、康叔皆有驯行。""驯，善也。"

变化迷惑别故新。别，彼列反。

下有愚迷之人，则能化喻，使其变改，去故之非，行今之是也。［补曰］《书》曰："迷民"，丕变其俗。"式化厥训"，迷者复而惑者解矣。别故新，犹旌别淑慝。

更卒归诚自诣因。更，工衡反。

卒，给使役者也。更，言其去来更代也。［补曰］更有三品：有卒更，有践更，有过更。古者正卒无常人，皆当迭为之，一月一更，是谓卒更也。董仲舒曰："月为更卒，已复为正。"诣，候至也。因，就也。谓更卒之徒，厌苦疲倦，常多逃匿，苟求脱免。若逢善政，则怀德感恩，来陈诚款，自诣官寺，就作役也。［补曰］汉盖宽饶为卫司马，"躬案行士卒庐室，视其饮食居处，遇之有恩。及岁，尽交代，上临飨卫卒。卫卒数千人皆叩头自请，愿复留共更一年，以报宽饶厚德。"所谓归诚者若此。

司农少府国之渊。少，失照反。渊，叶一均反。《诗》:“其心塞渊。”“淑慎其身。”“鱼跃于渊。”“遐不作人。”《楚辞》渊叶侁。

司农,领天下钱谷,以供国之常用。[补曰]治粟内史,秦官,掌谷货共军国之用。景帝改大农令,武帝更名大司农。少府,管池泽之税,及关市之资,以供天子。少者,小也,府者,聚也,财物所聚也。非郊庙兵戎大用,故谓之少府。[补曰]少府,秦官,掌山海池泽之税,以给共养,名曰禁钱。以给天子私养,自别为藏。司此二者,百物在焉,故以深泉为喻也。[补曰]《周礼》疏:“汉时司农主府藏。”引《史游章》。“汉法:谷入司农,钱入少府。”

远取财物主平均。远取财物,一作援众钱谷。平,一作辨。

言远方之输赋税者,或以杂物充之,价有贵贱,傥与京师不等;又当有转送费用,不欲劳扰,故立平准均输之官,各就所在受纳,不损于私而官有利也。[补曰]桑弘羊置平准于京师,贵则卖之,贱则买之,置均输以通货物。大司农属官有平准均输令丞,水衡有均输令丞。

皋陶造狱法律存。陶,余招反。存,叶祖陈反,见《楚辞·大招》。

皋陶，舜臣名，亦号庭坚，命为士官，始制圄圄，法律备焉。欲言刑罚之事，故先陈之也。狱之言埆也，取其坚牢也。[补曰]埆者埆正之义。卢植云："相质觳争讼。"字从二犬，所以守备也。埆音角。圄圄音苓御。[补曰]《后汉》："张敏曰：'皋陶造法律。'"注引此句。《广韵》："狱，皋陶所造。"《说文》："确也。""法，则也。""律，法也。"

诛罚诈伪劾罪人。劾，胡得反，又胡概反。

诛，责也。罚，治也。劾，举案之也。诈伪则责治，有罪则举案。[补曰]劾，推穷罪人也。汉世问罪谓之鞫，断狱谓之劾。

廷尉正监承古先。先，叶音询，见《楚辞·九歌》。

廷尉，掌刑狱之官，秦所置也，[补曰]九卿廷尉班在五，而议帝号独出李斯名者，盖秦以狱为重。汉亦因之。廷者，平也，朝之处也。尉者，武官之号也。兵狱同制，故曰"廷尉"。廷尉属官有正有监，言因承上古先代而置之。[补曰]廷尉有正、左、右监。《王制》："史以狱成告于正。"注："正，于周乡师之属。"朱博召见正监。

总领烦乱决疑文。文，叶微匀反。

烦乱则领理，疑议则详决，此狱官之职也。［补曰］《朱博传》："廷尉，职典决疑。"

变斗杀伤捕伍邻。

变斗者，为变难乃旦反。而相斗也。杀伤，相伤及相杀也。捕，收掩也，有犯变斗伤杀者，则同伍及邻居之人皆被收掩也。［补曰］魏李悝《法经》著《囚》《捕》二篇。秦初为户籍相伍，商君连什伍而同其罪。《续志》："民有什伍，善恶以告。什主十家，伍主伍家，以相检察。"吕氏曰："观商鞅初令'令民为什伍而相收司'，则始于鞅明矣。"邻伍解已在前。［补曰］《书》正义云："今律令，大功已上得相容隐，邻保罪有相及。"

亭长游徼共杂诊。徼，工钓反。一作游徼亭长。诊音轸，叶音真。

亭长，一亭之长，主逐捕盗贼。［补曰］《汉》："高祖为泗上亭长。"注："主亭之吏也。"亭谓停留行旅宿食之馆。《汉旧仪》云："司奸盗。"臧宫少为县亭长游徼，逢萌为亭长。游徼，乡之游行徼循，皆督察奸非者也。［补曰］徼，遮绕。《说文》："徼，循也。"《朱博传》："游徼王乡力有余。"注："职主捕盗贼。”《续志》:“乡置游徼,掌徼循,禁司奸盗。”黄霸少为阳夏游徼。杂,犹参也。诊,验视也。有被杀伤者,则令亭长与游徼相参而诊验之,知其轻重曲直也。秦汉之制,十里一亭,亭有高楼,所以候望,乡啬夫治之。游徼即啬夫之所统也。[补曰]《董贤传》:“至狱诊视。”注:“诊,验也。”

盗贼系囚榜笞臀。徒浑反。榜音彭。

系囚,拘絷之也。榜笞,棰击之也。[补曰]《刑法志》:“景帝定棰令。”“棰,策也。笞者,棰长五尺,其本大一寸,其竹也,末薄半寸,皆平其节。当笞者笞臀,毋得更人。”《书》曰:“鞭作官刑。”《广雅》:“榜,击也。”《说文》:“笞,击也。”臀,脽也。获盗贼者,则拘絷而捶击其脽,考问其状也。絷,竹立反。捶,之蕊反。[补曰]李悝《法经》始于《盗律》《贼律》。《广雅》:“臀谓之脽。”亦作尻。

朋党谋败相引牵。牵,叶起巾反。《诗·楚茨》愆叶孙。《荀子·成相》贤叶民。

同谋之中,一人事败,则牵引朋党,皆发露也。[补曰]《吕刑》曰:“何度非及。”汉诏狱所逮有至数万人者。寒朗曰:“考一连十,考十连百。”

欺诬诘状还反真。

囚系之徒，或欺诈闭匿，或诬冤良善。既被考诘，穷治由状，乃归实也。

坐生患害不足怜。

干纪速辜，人所同嫉者也。[补曰]怜，哀矜也。《方言》："汝颍之间曰怜。"

辞穷情得具狱坚。

既穷其辞，又得其情，则鞠讯之吏具成其狱，鍜炼周密，文致坚牢，不可反音翻。动也。讯音信。鞠，居六反。[补曰]《汉书》："具狱上府。"《吕刑》曰："五辞简孚。"路温舒书有"锻练""文致"。《朱博传》赞："辞穷情得。"

籍受证验记问年。

簿籍所受，计其价直，并显证以定罪也。记问年者，具为书记，抵其本属，问年齿也。幼少老耄，科罪不同，故问年也。抵，丁礼反。[补曰]秦始皇十六年，初令男子书年。《周礼·司刺》："壹赦曰幼弱，再赦曰老旄。"郑司农云："若今时律令，年未满八岁、八十以上，非手杀人，他皆不坐。"《钟离意传》:“府下记案考之。”注:“记,文符也。”

闾里乡县趣辟论。趣音促,一作趋。辟,扶一反。论,卢昆反。

里门曰闾。里者,本其所居之里也。里属于乡,乡统于县。趣,谓催速之也。辟,法也。里乡及县,递相催速,使早报问,则依宪法而论决也。[补曰]《陈宠传》:“《月令》曰:‘趣狱刑,无留罪。’”

鬼薪白粲钳鈦髡。钳,巨淹反。鈦音第,徒计反,又音大。髡,苦门反。

此谓轻罚,非重罪者也。鬼薪,主取薪柴以供祭祀鬼神也。白粲,主择米,取精白粲粲然者也。[补曰]《秦纪》:“轻者为鬼薪。”《惠帝纪》:“皆耐为鬼薪、白粲。”如淳曰:“《律说》:鬼薪作三岁。”应劭曰:“取薪给宗庙为鬼薪,坐择米使正白为白粲。”以铁錔头曰钳,錔足曰鈦。錔,他合反。黄氏曰:鈦音大,即钳。[补曰]《食货志》:“鈦左趾。”注:“鈦,足钳也。”张裴《律序》云:“状如跟衣著足下,重六斤,以代刖。”《陈咸传》:“私解脱钳鈦。”“钳在颈,鈦在足,皆以铁为之。”《说文》:“钳,以铁有所劫束也。”“鈦,铁钳也。”《仓颉篇》:“钳,鈦也。”《广韵》:“鈦,以锁加足。"鬄发曰髡。鬄，他计反。[补曰]《周礼》："髡者使守积。"

不肯谨慎自令然。然，叶音言。《诗·无羊》年叶溱。《汉·叙传》贤、玄叶门、论。

己则招之，又谁咎也。[补曰]谨，洁也。慎，诚也。于文，心真为慎。

输属诏作溪谷山。诏，一作治。山，叶所旃反。《诗·小弁》山叶泉。《殷武》山叶丸。

输属，言配入其处也，诏敕别有所输作也。一曰：诏书处昌汝反。罚令其输作也。山渎无所通曰溪，泉出通川曰谷。一曰：水注川曰溪，注溪曰谷。配于溪谷及山，徒役之也。[补曰]陈咸为南阳太守，"豪滑吏及大姓犯法，辄论输府，以律程作司空"。

箛篍起居课后先。箛音孤。篍音秋，又此遥反，又七召反。

箛，吹鞭也。黄氏曰：竹箫也，洛阳亭长所吹。[补曰]《说文通释》："箛，盖于鞭上作孔，马上吹之。"《晋先蚕仪注》："车驾住，吹小箛，发，吹大箛。"箛即笳也。篍，吹筒也。黄氏曰：吹筒，以劝工者。[补曰]

《说文》:“所以劝役。”《玉篇》:“吹箫。”起居谓晨起夜卧及休食时也。言督作之司,吹鞭及竹筒,为起居之节度。又校其程课,先者免罚,后者惩责也。今之伎倡欲相号令者,则吹指为节,盖吹鞭之遗事。

斩伐材木斫株根。斫音勺。

斩,截也。伐,攻取也。材,谓木梃也。梃,大鼎反。[补曰]木之劲直堪入于用者,故曰入山抡可为材者。桥栽曰株,桥,五葛反。栽音哉。树本曰根。[补曰]《说文通释》云:“入土曰根,在土上者曰株。”言徒役之人给此事也。[补曰]《平帝纪》注:“令甲,女子犯罪,作如徒六月,顾山遣归。说以为当于山伐木,听使入钱顾功直,故谓之顾山。”

犯祸事危置对曹。曹,叶徂侯反,见《诗·载驰》《泉水》《楚辞·招隐士》。

犯祸,犯法而致祸也。事危,其事倾危也。既被验问,则置立对辞于曹府也。[补曰]《刘向传》:“诣狱置对。”“临江王徵诣廷尉府对簿。”《说文》:“汉文帝以为责对而为言,多非诚对,故去其口以从士。”《萧育传》:“诣后曹,当以职事对。”注:“贼曹、决曹皆后曹。”

谩訑首匿愁勿聊。谩，谟官反，又音慢。訑音移。聊，叶音留，见《楚辞·九章》《招隐士》。

谩訑，巧黠不实也。［补曰］谩訑，欺也。《列子》："狎侮欺诒。"《楚辞·九章》："或訑谩而不疑。"《史记·龟策传》："诞谩"，注："诞一作訑。"黄氏曰："燕代之间谓惧，见《方言》。"首匿，为头首而藏匿罪人也。［补曰］《宣纪》注：作"为谋首"。勿聊，无聊赖也。［补曰］《盐铁论》："自首匿相坐之法立，骨肉之恩废而刑罪多。"

缚束脱漏亡命流。束，一作购，古候反。

命者，名也。既被缚束，忽脱漏，则亡其名籍而流迸也。迸，布诤反。［补曰］□□□□□□□使。贾谊《疏》："束缚之系缧之。束，一作购。"《说文》："购，以财有所求也。"《高帝纪》注："购，设赏募也。"

攻击劫夺槛车胶。胶，叶音豪。见《楚辞·大招》。

言强盗群盗相与攻击劫夺人者，吏捕得之，载以槛车，又加胶漆，取周密也。槛者，车如槛形，义在幽闭防泄露也。一曰：胶者，谓胶罪人之目，使不得开，绝变难也。击字或作剽，剽亦劫也。剽，频妙反。[补曰]《史记》："□□□□□□□□□□□□□□长安。"《尔雅》："胶，固也。"《汉书》注："以板四周之，无所通见。"《淮南厉王传》注："槛车有封。"《爰盎传》："淮南王迁之蜀，槛车传送。"《何武传》："槛车徵。"《贾谊疏》云："剽吏而夺之金。"

啬夫假佐扶致牢。

啬夫，乡之有秩者也。[补曰]《百官表》："啬夫职听讼，收赋税。"《续志》："主知民善恶，为役先后，知民贫富，为赋多少，平其差品。""《风俗通》：'啬，省也。夫，赋也。言消息百姓，均其役赋。'"朱邑为舒桐乡啬夫，鲍宣、任光、郑弘、郑玄为乡啬夫。《诗》笺云："田畯，司啬，今之啬夫也。"假佐，县之假吏也。[补曰]《王尊传》注："胡公《汉官》：'假佐，取内郡善史书佐给诸府。'"扶致牢者，扶持罪人而致之于牢狱也。一曰：假佐者，啬夫之权佐也。谓之牢者，言若豢豕之牢，亦取其坚牢也。豢音患。[补曰]司马迁书云："画地为牢势不入。"

疻痏保辜謕呼号。疻音纸，又音支。痏音洧。謕，古啼字，一作啼。号，一作嗥、獆，并音豪。

欧人皮肤肿起曰疻，欧伤曰痏。保辜者，各随其状轻重，令欧者以日数保之。限内致死，则坐重辜也。謕呼号者,被欧之人称痛酷也。欧,于口反。坐,才卧反。黄氏曰:疻,欧伤也。痏,疮痏也。[补曰]《薛宣传》:"遇人不以义而见疻者,与痏人之罪钧。"注:"以杖欧人青黑肿起而无创瘢者,律谓疻。"《佩觿》欧作殴。号,或作獆,音义同。[补曰]《尔雅》:"号,呼也。"《广韵》:"号,大呼也。"《说文》:"啼,号也。"《汉书》:"謕号。"

乏兴猥逮诇譞求。猥,乌贿反。诇,休正反。譞音眴,古县反。

律有乏兴之法,谓官有所兴发,而辄稽留阙乏其事也。[补曰]韩延年坐乏兴。《卜式传》:"北边有兴。"猥,盛多也。逮,传捕也。[补曰]猥,杂也。逮,及也。辞之所及,则追捕之。猥逮者,矫为官府多有逮捕也。诇,谓知处密告之也。黄氏曰:诇,自言长也。[补曰]诇,有所候伺。《淮南王安传》:"为中诇。"孟康注:"西方人以反间为诇。"譞,隐语也。谓侦伺官府利害,隐密其事,有所追求也。黄氏曰:譞,流言有所求也。[补曰]《说文》:"流言也。火县反。"一曰:乏兴之人,弃家逃匿,故官司逮捕,诇譞而求也。[补曰]刘赣父谓:"逮者,其人存在,直追取之。捕者,其人亡,当讨捕,故或言逮,或言捕。一云:逮,易辞;捕,加力。逮,徒呼召之。

捕,加束缚。”

辄觉没入檄报留。檄,刑狄反。

檄者以木为书,长二尺。报者,处当罪人也。言有乏兴猥逮及诇�櫽者,其事发觉,身则没入为奴婢,或没其家财,则为檄书,处当其罪而留之也。处,昌汝反。当,丁浪反。[补曰]朱博口占檄文。《江充传》:“尽劾没入官。”

受财枉法忿怒仇。赇,巨牛反。

以财求事曰赇。言受人财者,枉曲正法,忿怒良直,反为仇雠也。[补曰]《说文》:“赇,以财枉法相谢。”《通释》云:“非理而求。”《潜夫论》曰:“事曲则谄意以行赇。”

谗谀争语相觝触。觝,一作抵。

谗,相谮也。谀,谄言也。争语谓各持辩说也。有争语者,常相抵距而击触也。一曰:争语谓交相谮毁也。[补曰]《荀子》曰:“触抵者也。”

忧念缓急悍勇独。忧,一作更。悍,侯旰反,一作捍。

言无赖之人，不自修整，以陷罪恶，临机迫猝，千忽反。更生邪计，妄为凶悍，当窘厄也。窘，求闵反。［补曰］悍，勇也。捍，抵捍。爰盎曰："缓急人所有。"勇而无义，是为独夫。

乃肯省察讽谏读。省，息井反。

乃肯，犹言宁肯，谓不肯也。平居之时，既无立操之方，又违从善之义；有讽谏者，不肯省察而习读之，所以遂成过恶，以致丧败也。一曰：危急之后，方自省躬而读讽谏，思改过也。［补曰］讽刺不听，谏争不从，读诵不知，三者皆不省察。

泾水注渭街术曲。街，古谐反。术，常出反。

此说京畿之内也。泾水出安定汧头山，汧，口坚反。至阳陵而入渭。汧头山，《地理志》作开，苦见反，又音牵，《括地志》作笄。颜氏曰："山在今灵州东南，土俗语讹谓之汧屯山。"［补曰］东方朔曰："汉兴，都泾渭之南。"潘岳《西征赋》："清渭浊泾。"渭水出陇西首阳县西南鸟鼠山、西北南谷山，至京兆北船司空县入河。《禹贡》："泾属渭汭。"阳陵，京兆高陵县。首阳，渭州渭源县。船司空，华州华阴县。"《地理志》:‘泾水出安定泾阳县西开头山。’”《括地志》:“笄头山,一名崆峒,在原州平高县西。”四达之道曰街,邑中之道曰术,里中之道曰曲。[补曰]《史记》:“内经闾术,外为阡陌。”《西京赋》:“方轨十二,街衢相经。”注:“街,大道也。”《说文通释》:“街犹偕也,并出之意。”“术者,一方之道也。”

笔研筹筭膏火烛。研,倪佝反。筹,一作投。

此记官府之中给长史以下之具也。长,竹丈反。笔,所以书也,一名不律,亦谓之聿。[补曰]《尔雅》:“不律谓之笔。”注:“蜀人呼笔为不律。”《说文》:“秦谓之笔。”“楚谓之聿,吴谓之不律,燕谓之弗。”《曲礼》“史载笔”,《韩诗外传》“周舍墨笔操牍”,《汉》“张安世簪笔”。《太玄》云:“拑黄聿。”刀笔,古者书于简牍,必用刀。研,所以研五贤反。墨也。[补曰]《薛宣传》:“下至财用笔研,皆为设方略。”研,亦作砚。筹,所以付与。[补曰]《老子》曰:“善计不用筹策。”杜邺曰:“筹所以纪数。”筭,所以计度,大各反。[补曰]《律历志》:“筭法用竹,径一分,长六寸,二百七十一枚而成六觚,为一握。”《说文》:“筭,长六寸,计历数者。”《广韵》:“又有《九章术》,汉许商,杜忠、吴陈炽、魏王粲并善之。《世本》曰:‘黄帝时,隶首作数。’”皆以竹为之。膏火为灯炬音巨。蜜烛。［补曰］筹，一作投，投壶。筭长尺二寸。《周礼·司烜氏》：“共蕡烛。”“麻烛也。”《诗释文》：“在地曰燎，执之曰烛。”《弟子职》：“执烛隅坐。”

赖赦救解贬秩禄。贬，悲俭反。

此说在官有罪，幸逢赦令及人救解，得免重罚，降其秩次而损其禄也。［补曰］贬，损也。《杜钦传》：“救解冯野王。”

邯郸河间沛巴蜀。邯音寒。沛音贝。

此略说诸郡名也。邯郸，赵国所都也。河间，言在两河之间也。［补曰］秦邯郸，汉高帝改赵国邯郸县，今磁州。邯，山名，邯山在东城下。单，尽也，加邑。河间，今瀛、莫等州，汉河间国。沛者，本秦泗水郡属县也。汉兴，更为沛郡。［补曰］今徐、宿、亳州。巴，巴郡也。蜀，蜀郡也。［补曰］巴郡，今渝、夔、阆等州。蜀郡，今成都府蜀、邛等州，秦置。

颍川临淮集课录。

颍川，因颍水为名也。［补曰］颍川郡，秦置，今许、汝州。临淮，居淮水之旁也。［补曰］临淮郡，武帝置，今淮阳、泗州。集课录者，诸郡各上其计，总会京师，次其名录。［补曰］秦王稽拜河东守，三岁不上计。汉郡守上计，盖秦制也。《周礼》疏："汉之朝集使谓之上计吏，谓上一年计会文书及功状。"《续志》："岁尽，遣吏上计。"

依溷污染贪者辱。溷，胡困反。

此戒守宰以下也。依，近也。溷，厕也。言近溷厕者，则被污染，贪贿赂者必致戮辱，以财物比于粪秽，为害染人也。［补曰］《书》曰："旧染污俗。"《萧望之传》："策曰：'陷于兹秽。'"《孟子》曰："不仁则辱。"《荀子》曰："先利而后义者辱。"《说文》："辱，耻也。"李莹《财货铭》云："财货将至，梦寐可寻。或秽或虺，乃玉乃金。秽可亲欤，虺可玩欤？敢献斯铭，以激贪夫。"一云溷，浊也。贾谊云："谓随夷溷。"此言依附溷浊为污俗渐染。荀悦曰："荣辱者，赏罚之精华也。"知贪之为辱，则化为廉矣，故言四维者曰廉耻。贡禹曰："孝文时贵廉洁，贱贪污。"

汉地广大，无不容盛。盛音成。

此为终篇。述帝德也。容盛，犹言覆载也。［补曰］盛，受也。《地理志》："汉凡郡国一百三，地东西九千三百二里，南北万三千三百六十八里。"晁错曰:“众生之类,亡不覆也。根著之徒,亡不载也。”

万方来朝,臣妾使令。令,力呈反。朝,直遥反。

威灵所被,无思不服。[补曰]淮南王安书曰:“以四海为境,九州为家,八薮为囿,江汉为池,生民之属,皆为臣妾。”《法言》曰:“汉德其可谓允怀矣。黄支之南,大夏之西,东鞮北女,来贡其珍。”

边境无事,中国安宁。境音景。

遐迩谧清,兵革靡用也。境,字或作竟,古文通也。[补曰]谧,静也。边,陲也。境,界也。

百姓承德,阴阳和平。

至諴音咸感神,上玄降祉也。[补曰]《书》:“六服群辟,罔不承德。”张子曰:“太虚生气,是为阴阳。”“浮而上者阳之清,降而下者阴之浊。”

风雨时节,莫不滋荣。滋,一作兹。

仁及草木,皆茂畅也。[补曰]《盐铁论》:“周公太平,雨不破块。风不鸣条,旬而一雨,雨必以夜。”董仲舒曰:“阴阳调而风雨时,五谷熟而草木茂。”

灾蝗不起，五谷孰成。

每获丰年，仓廪实也。天反时为灾，虫食苗曰蝗。五谷者，黍、稷、麻、菽、麦也。[补曰]孰，成也，今作熟。《春秋传》曰："年谷和孰。"《孟子》："五谷熟而民人育。"注："五谷谓稻、黍、稷、麦、菽也。"《周礼》注与颜同。《说文》："谷，续也，百谷总名。"《尔雅》："食苗心，螟。食叶，蟘。食节，贼。食根，蟊。"四种虫皆蝗也。

贤圣并进，博士先生。

野无隐逸，皆升朝也。博士者，多闻之士。先生谓老成之人也。[补曰]《曲礼》注："先生，老人教学者。"《孟子》注："学士年长者谓之先生。"《白虎通》：《礼别名记》曰：'千人曰英，倍英曰贤，万人曰杰，万杰曰圣。'"汉诏曰："明于古今，温故知新，通达国体，谓之博士。"《贾谊传》："诸老先生。"谓宿儒也。远至迩安，时和年丰，皆朝廷用儒之效。

长乐无极老复丁。乐音洛，复注、复除之复，音福，今改扶又反。

击壤行歌，喜宽政也。老复丁者，家有高年，则蠲其子孙，免赋役也。[补曰]《参同契》云："老翁复丁壮"，《黄庭经》亦有此三字。既述汉德之盛,终之以颂。长乐无极者,永履和乐,与天无极也。老复丁者,永锡难老也。皆归美之辞。

附以下系后汉人附入

齐国给献素缯帛。

齐,师尚父所封。秦置郡,汉为国,封诸王,都临菑,今青州。素,白缴缯也。建初二年,"诏齐相省冰纨、方空縠、吹纶絮",注:"纨,素也,冰言色鲜洁如冰。縠,纱也。方空,纱薄如空也。吹者,言吹嘘可成,亦纱也。齐有三服官。"李斯云:"阿缟之衣",注:"齐东阿县,缯帛所出。"今郓州。《地理志》:"齐地织作冰纨绮绣纯丽之物,号为冠带衣履天下。"班婕妤《怨歌》:"新裂齐纨素。"贡禹言:"故时齐三服官,输物不过十笥。"

飞龙凤凰相追逐。逐,叶帛、息韵。《诗·采薇》服叶棘,《小明》福叶直,《文王》服叶亿。《楚辞·九章》鞠叶抑。织帛为飞龙凤皇之象,飞翔追逐以成文章,若前章"离云爵"之类。《说文通释》:"遁者,走也。逐者,追也。豚走而豕逐之,此会意也。"

河南洛阳人蕃息。蕃音烦。

河南,成周之王城也。洛阳,成周之下都也。秦三川郡,汉高帝更名河南郡,建武元年入洛阳定都,改河南尹。《郡国志》:"洛阳,周时号成周。""河南,周公所城洛邑,春秋时谓之王城。"天子之都,其民蕃阜滋息。

与天相保无穷极。

国祚之永,与天同也。

真定常山至高邑。

真定国,武帝置,唐镇州,今真定府。常山郡,高帝置,本恒山,避文帝讳改,今邢、赵州。后汉并真定入常山国。高邑,本常山之鄗县,光武即位于鄗南千秋亭五成陌,因改高邑,今赵州高邑县。鄗音壑。

乘而嘉宠升进立。

多士乘时,膺天宠也。阶升类进,立于朝也。

建号垂统解郁悒。悒,音邑。

中兴建号垂统,始于洛阳高邑。万方和乐,昔之郁结忧悒者,今皆纾解也。

四民康宁咸来服集。民,一作人。

士农工商,咸安其业,德泽所被,悦服和集。

何须念虑合为一。念虑，一作命遍。

天下一家，民无二志，可以宽宵旰之忧。

山阳过魏。过，古禾反。

山阳郡，景帝为国，武帝为郡，治昌邑，今济州。魏郡，高帝置，今大名府。相州，磁。过，经也。

长沙北地。

长沙郡，秦置，今潭、衡等州。北地郡，秦置，今宁、庆、灵、盐、宥州。

马饮漳邺及清河。河叶方，古韵通。饮，于锦反。

《左传》："楚子将饮马于河。"漳水一出上党沾县，今平定军，名清漳；一出上党长子县，今潞州，名浊漳。邺县，汉魏郡治，今相州。清河郡，高帝置，后汉为国，今贝州，改为恩州。

云中定襄与朔方。

云中郡，秦置，唐为胜州单于府。定襄郡，高帝置，唐为朔州。朔方郡，武帝开，唐为夏州。

代郡上谷右北平。平，叶音旁，见《诗·烈祖》。

代郡,秦置,唐为蔚州。上谷郡,秦置,唐为妫州。右北平郡,秦置,唐为蓟州。

辽东滨西上平冈。上,是掌反。滨音宾。

辽东郡,秦置,唐安东都护府之东境。滨,水际,滨西者,滨辽水之西也。辽水出塞外。辽西郡,秦置,唐为平营州。《尔雅》:“山脊曰冈。”上,登也。或云:右北平郡平冈县也。田畴曰:“旧北平郡治在平冈。”《水经注》:“平冈在卢龙东北。”

酒泉强弩与敦煌。敦音屯,一作燉。

酒泉郡,武帝开,其水若酒,唐为肃州。俗尚武力,强弩出焉。敦煌郡,武帝分酒泉置,唐为瓜、沙二州。敦,大。煌,盛也。

居边守塞备胡羌。塞,先代反。羌,起良反。

边垂障塞,严其守御,以防匈奴、西羌之患。《说文》:“羌,西戎牧羊人也。”

远近还集杀胡王。

远近一心,以殄灭胡虏为期。

汉土兴隆中国康。

威武远畅，边鄙不耸，世道日进于昌盛而诸夏安。

齐国、山阳二章，后汉人所续。御书有，颜注无，今释其义，附篇末。

跋

右《急就》一篇，汉黄门令史游作，唐秘书监颜师古为之解训。此书旧分三十二章，前代能书者多以草书写之。今世有一本，相传是吴皇象写，比颜解本无“焦灭胡”以下六十三字，又颇有讹脱。颜本不分章，象所写三十一章而已。国朝至道中，太宗皇帝尝亲书此篇，又于颜本外多“齐国给献”以下百二十八字，凡为章三十有四。此两章盖起于后汉。按旧篇末说长安中泾渭街术，故此章亦言洛阳人物之盛以相当。而鄗县以世祖即位之地，升其名为高邑，与先汉所改真定、常山并列，此为后汉人所续不疑。近时豫章黄太史手校本出于太和县人家，亦有此两章。黄于篇中时小小笺释，而颜解本亦自有详略不同。会户部郎总六道赋天水赵公汝谊欲是正传广之，乃录至道御书三十四章，登于卷首，且用今礼部侍郎眉山李公焘所藏颜解本，校鄂州通守临江刘子澄清之家本写之，次于御书正文之后，益考验同异，附以黄太史所笺，升注为大字，以便观者可传后。

古者学童六岁至十岁，教之数与方名及朔望、六甲、书计之事。盖自末以穷本，由艺以达道，滥觞乎小学之源，而涵泳乎大学之海，终其身不厌。至秦不然，弃其道本而志其艺末。丞相李斯等虽颇作《苍颉》《爰历》《博学》等篇，然天下方专学法令，以吏为师，《诗》《书》六艺之言弃不习，学者进无所依，退无可玩，自童幼鄙之，以为足记姓名而已。又其篇虽名祖《苍颉》，而实异《史籀》。时益多事，而徒隶之字方起。汉兴，稍开书禁，兼崇字学，吏民上书颇劾其不正者。然古来用字约少，板策所书，多者才百名以上。今汉代试为史者，一童所记至九千字，乌睹古所谓正哉。游当孝元时，去斯等已远，独能取其篇中正字类而韵之，以为此书，使操觚小童不随俗迷误。是时元帝善史书，而游为此篇，皆稍稍近古。传称游"勤心纳忠，有所补益"，岂此类耶？自东汉杜度、张芝善藁法，始用以写此章，号章草。说者因谓草书起于游，盖不察游作此书之意。今篇中所摭《苍颉》正字，其体虽不存，而其读具在，因可以见汉世官府市里之名物，又得颜氏解训而益明，可用虞览。然颜以"慈"姓为祖于宣慈惠和之才子，"审"姓为出于审曲面势者，名"忠敬"与"爱君"而必以为慕赵盾、鬻拳，解"距虚"即蛩蛩，以"槛车胶"为胶人之目，谓"老复丁"为蠲其子孙之役，亦不皆是。顾作者以录古文，而解者以著汉事，虽非《诗》《书》论世之学，要主于好古存旧，且其语亦微有劝，不若后世俗师俚童相教以嚣讼之书，故因定著之，以为前世小书其偶存者犹如此，学者亦因有启焉。

淳熙十年十月望日，歙罗愿记

跋

《汉·艺文志》小学十家,《苍颉篇》见《考工记》注者,唯"鞄"四学反。"䓝"人宄反。"柯""欘"张玉反。四字,《凡将》见《文选》注、《艺文类聚》者,唯"黄润纤美宜制禅""钟磬竽笙筑坎侯"二句,《训纂》见《史记正义》者,唯"户""扈""鄠"三字;其廑存者,《急就篇》而止耳。隋唐《志》始谓《急就章》。崔浩写以百数,刘兰入小学书之,李铉九岁入学书之,月余即通,李绘六岁亦通此章,是以其学至唐犹传。颜师古祖之推尝为之注,渊源有自来矣。

盖君子耻一物之不知,伦类不通,不足谓善学。尝观众仲对氏族;师服、申繻论名子;籍谈忘司典之后,景王以为讥;卫侯以"辟彊"为名,周人不肯受。系之以姓,著于《世本》;字而不名,贵于《春秋》,故始之以姓氏名字。学《诗》多识鸟兽草木之名。《论语》备录衣服饮食之制。陶弘景读书万卷,尤明医术、《本草》。韩文公谓:"礼乐名数方药之书未有不通,此而为大贤。"致知在格物,观物以观我生,故次之以服器百物。《周书》言"学古入官",子产云"学而后入政",

董仲舒以《春秋》断狱，隽不疑以经术决事，若授之以政不达，宋泉之《孝经》，苏威之五教，人到于今羞之，故终之以文学法理。器无非道，学无非事，其义不可须臾舍也，鸿生巨儒，不敢以小书忽焉。辑州名，摭奇字，悉放其体。诸经义疏引之者五，《周礼·考工记》疏引“分别部居不杂厕”“蒲蒻蔺席”。《天官》疏引“司农少府国之渊”。《左传正义》引“芜荑盐豉”“顷町界亩”。《后汉书》注引之者一，《张敏传》注引“皋陶造狱法律存”。韵书亦援以言姓氏，班孟坚之用“橡饰”，潘安仁之用“乘风”，王禹玉之用“奇觚”，宋景文之用“鞣釋”，朱文公之用“老复丁”。至于“不借”“籧篨”“凫翁”“无等双”之语，临川、山谷诗皆采掇之。博观而约取，此难与耳学者言也。

古者保氏教六书，外史达书名，汉犹有课试举劾之法，故马尾之书必谨。自篆而隶，自隶而藁，钟王之后，以意行书，先汉遗文古事，寖以晦昧，《急就》虽存，而曹寿、刘芳、豆卢氏、颜之推注解轶而不传。昔以是为童蒙之学，今有皓首未觌者。俗书溢于简牍，讹音流于讽诵，袭浮踵陋，视名物数度若弁髦，而大学之基不立。乃因颜注补其遗阙，择众本之善订三写之差，以经史诸子探其原，以《尔雅》《方言》《本草》辩其物，以《诗》传、《楚辞》叶声韵，以《说文》《广韵》正音诂。若“闳”“阁”之相混，得于《释文》；“揃灭”之所出，取于《庄子》；“稽极”之误，因《说文通释》而知；“利亲”

“胜客”之类，因《史记》《汉表》而见；“簀”当作“簂”，“轢”当作“操”，“壘”当作“垒”，实事求是，不敢以臆说参焉。疑者阙之，以俟后之君子。李斯作《苍颉篇》，后人附益，末章乃有“汉兼天下”，此篇“齐国”“山阳”两章亦然。略解其义，缀于下方。夫物有本末，理无小大，循序致精，学之始事也。虽然，耄学而为童习，其能免玩物爱奇之失乎？

浚仪王应麟识

捷径杂字

捷径杂字

捷径杂字　家用袖珍　零工簿据
登载分明　该欠下少　面算收清
新旧帐目　找扣除存　毛钱少数
斛换拨清　早扣迟补　借字合同
现钱赊帐　贩子趸囤　赚钱够本
卸货输赢　谷挥钱票　当契文凭
或赎或抵　认字认人　买进卖出
来往换工　厘毫丝忽　斤两钱分
百千万顷　不少个文　法码铜刨
漕平布平　等称丰眠　天针地针
公平交易　升子半升　斗桶斛石
碗米筒公　起峰打淌　堆起稳平
纤微小器　铗剪金银　贯铅水色
或假或真　几梱几锭　几块几封
件件交代　凭保凭中　媒人引荐
契内中人　寸土寸木　水石无存

扫买扫售　价足契明　坟茔丈尺
长短高低　前后界址　左右东西
锣框堤围　禁步依齐　业凭契管
坟凭契批　存留阴穴　荒坪地基
计开某样　古冢新堤　公塘私坝
水面澈底　车放荫注　照分管理
打架扯皮　相骂谘嘴　出业不清
向前论理　田沟水圳　扶拏打比
冒认霸占　强词夺理　请客投人
晓鸣邻里　申纸接席　赔钱俯礼
邀和拦劝　排难解纷　告状诉纸
确证原中　甘休情愿　原差经承
誊稿出票　堂上捕厅　粮科马号
兵户刑工　府司道院　京控叩阍
详文札子　拘票访闻　布政按察
生死衙门　九门提督　六部公卿
乡下绅士　耆老州同　功牌从九
秀才监生　团总牌总　预报新春
仓长甲役　耳目朝廷　练团把卡
关税厘金　游击参将　水师岸营
师爷统领　操演步兵　蓝翎守备
亮白花翎　铳药炮子　刀斧箭弓
抬枪摆马　守夜巡更　旗锣鼓伞

女口男丁　派勇派夫　掳掠侵凌
拦河劫抢　鸡犬不宁　探子游学
假意装伧　入学中举　廪生贡生
状元榜眼　探花翰林　员外主事
御史郎中　太子少保　敕封诰封
真真宰相　老老元臣　有样没样
且看世上　嫖赌逍遥　人鬼不像
丐化花子　同流一伴　游尸放懒
工夫不做　捉鸭偷鸡　朝鱼暮肉
强它脾气　懵懂痴呆　牌宝骰子
那门不来　擦掌抓拳　输打赢要
不听好话　性情暴躁　欺哄绐试
绰白翦绺　扒手做贼　窝娼窝赌
烟馆妓馆　淫盗奸宄　高声叫喊
嘀咕哎呀　颠佗疯瘫　瘸癞聋瞎
踵子跛子　蹩脚蹩踊　邋遢秽亵
嘻嘻嗄嗄　欺神灭像　撞破神祇
冲傩扬醮　测字扶乩　抽签问卦
敕茶请医　香钱蜡烛　爆竹鞭子
写疏还愿　和尚尼姑　几付几剂
茶药相符　文房四宝　纸笔墨砚
士农工商　富贵贫贱　冠婚丧祭
称家有无　生意手艺　开屠杀猪

杂货剃脑　箩脚轿夫　机匠裁缝
木匠砌匠　打铁阉猪　东游西荡
割狗鐅猫　宦牛骟马　渔鼓道情
把戏玩要　唱调要猴　打卦算命
三教九流　余难说尽　人情南北
用费包封　银钱谷米　东扯西扪
关门躲债　设法做情　凡百开贺
贺仪通称　喜事喜仪　三朝饼仪
贺寿祝敬　吊死奠仪　鼓乐乐仪
参厨厨仪　剃脑开脸　都写容仪
折鹅代鹅　折花代花　行壶打菜
代烟代茶　壹切零用　菲仪随拿
上学贽仪　端午节仪　师公道人
敬字不离　打斋寄包　称呼不易
伯爷夫兄　叔子夫弟　显考显妣
某男某媳　襟弟姨夫　岳丈女婿
胞兄胞弟　堂兄堂弟　夫称夫主
妻称室人　姊丈妹丈　内弟内兄
义父义子　姻晚亲翁　余难分别
族戚友邻　农器家伙　篼箕耙头
阔口伏土　两齿薅锄　犁头犁壁
铁铲钢锹　浪耙蒲滚　绊颈牛绹
耖田耙田　犁辕牛轭　人工粪草

鞭子捞篷　沤氹翻池　田塍甽旮
有犁靠犁　无犁靠挖　耔脚草皮
挟版拖踏　石胆坯子　柴窑水发
踩草点灰　造塘作坝　藤索茅绳
搓合吊挂　破篾穿帘　打开卷拢
拏米下锅　抛粮下种　起水开胸
芽窖松紧　插田扮禾　年丰岁稔
秧篓撮箕　晒簟挡折　扮桶刷子
高粱稻麦　搓禾捋稗　风飏秕穮
摞草晒谷　送至上仓　减租称转
纳税完粮　佃字当契　月息进庄
屯饷南折　上忙下忙　粜出籴入
扁担箩筐　碓臼风车　舂米簸糠
拦盘格筛　推子磨架　舂臼碾槽
鱼篮管笄　罾罩旋网　斗笠蓑衣
油鞋雨伞　靴子木屐　袜底衬布
鞝子[illegible][illegible]　毛页皮条　蹓跟脚码
蒲鞋草鞋　拖泥跏丌　杀草看牛
扒柴收粪　断下擢堤　栽培蓄禁
楠竹斑竹　紫竹丛芦　泪竹苦竹
钓竿鱼钩　拚山料木　松丫杉蔸
砍缚捆绑　茅镰弯刀　劈开锯脱
凿子斧头　扯钻刨子　眠锯柴刀

杉条架牌　缆子扎紧　排櫼钉桩
十牢九稳　船上桅杆　钉橛下锚
扳橹荡桨　扯牵撑篙　风篷纤索
锁伏后艄　铺仓揽帚　跑板浪槽
锅灶炉枪　舵芽操棍　铁饼桐枯
棉花大粪　烟叶红薯　发脚包送
推谷整米　锄园挖土　小菜时蔬
大蒜葱韭　萝卜白菜　蒚子芋头
冬南苦瓜　茄子辣椒　甜菠雪苋
荆芥薄荷　胭脂脚板　竹篙秤锤
蕹菜黄瓜　木耳马齿　火土窖灰
牛尿猪屎　瓜塝豆里　芹菜茼蒿
菜薹菜苏　煎炒煨爊　菌子香蕈
香料茴香　豆豉红曲　胡椒芷姜
蛏虾绿螺　银鱼闽笋　芽尖照通
海带河粉　海参墨鱼　鱼肚鱼翅
带粉粉皮　香干萝卜　干粉古月
金针黄花　白干水腐　油饺麻鲊
全青油酢　馁子馍馍　金兰建条
墨豆芝麻　油盐酱醋　安化园茶
松萝六峒　筵席堪夸　屠坊槽坊
堆花甜酒　圞心肝肺　下水肠肚
舌子猪脚　边油水油　精肉肥肉

黄鳝泥鳅　獖草猪婆　牸牛臊牯
剐剥惨伤　牸羊羯羖　荔枝红枣
麻圆花根　苏糕云片　桂花寸金
巧片巧果　交切兰心　牌糖白叶
双青白流　杨梅柚李　花片烘糕
斋货果品　板栗核桃　桂圆南枣
莲子冰糖　瓜子花生　橄榄槟榔
柑子甘蔗　月饼雪梨　些微茶料
名目难齐　碗盏盘碟　茶盘钟子
调羹杯筷　托盘甑盂　三炉饭碗
广钵火壶　泥碗红边　葡萄葵花
外花莲碗　大苗仙花　酒坛醋坛
罐子瓦壶　擂槌擂钵　水缸茅厕
盖碗磁坛　大柜小柜　烘炉炭盆
炙衣炕被　鹅笼果盒　大轿边舆
几乘几套　做酒办厨　春箱奠雁
鸳鸯肘子　包头丝带　裹脚膝围
宫花喜红　之子于归　亲母新嫂
伴婆跟随　翠花银花　簪子顶插
首饰金钗　环子镜搭　鬓脚燕尾
篦梳头发　包做嫁奁　铜盆脸架
牙床锦被　滴水月弓　漆水雕琢
画彩箔金　胭脂水粉　枕脑帐缨

荷包烟袋　绣花手巾　珍珠玛瑙
簟箱纹银　单被絮被　大被褥子
拢梳挖耳　手钏戒箍　钻子剪刀
锁须钥匙　脚盆围桶　桌椅板凳
水桶瓜瓢　淘盆饭甑　砧板捞箕
刷把扫帚　糟潲米汤　养猪喂狗
煤炭柴屑　铗钳火叉　罩箩篮系
锅铲罐扒　文柜书桌　抽箱木箱
蒸茶煮饭　浆衣洗裳　枷栏企栏
摇窠包布　言吐嫩崽　穿衣脱库
写算俱全　纺麻织线　弹纺棉花
纱罗绫绢　羽毛线综　氆氇毛罽
绒褐毡毯　补服衮衣　红帽纬帽
纱袍衫套　鬼子襕衫　耍糯湖绉
枕白纺绸　几件几套　起花洋布
软缎宁绸　贵州罽绢　湖布一都
昶月窄尖　稀鰕大布　夏葛冬裘
袜子棉裤　罩袍腰袄　里衫围裙
云肩衣领　马褂披风　紧身长衫
衫袖手笼　皮袄抓搜　汗领兜肚
手巾围瀺　縺缝绞口　蹦花打子
缝针定针　熨斗烙铁　灰袋补丁
衣衩锁边　滚领扣袢　腰带抱裙

捶洗搓扮　染坊色片　墨青毛光
三蓝四兰　冻绿鹅黄　玉色葱白
鸭蛋青色　月兰印花　漂浸酸钵
棕色杂色　吊灰天青　青矾倍子
烟墨火红　桃红毛红　元青藕色
白蜡牛胶　摩充绉褶　饭香苏木
槐米绿皮　踹坍青石　靛水便宜
盖厂搭棚　起屋捡屋　披厦厢房
桁条楼枕　横直阔狭　斗榫穿坊
装修填筑　垛子经墙　椽皮领木
栏杆屋檐　阶基屋柱　东边西边
六缝五间　围院几进　间壁门閬
几层几栋　堂屋上梁　磨角曹门
丹墀天井　倒座反厅　砖瓦亮窗
山砂溅泥　粉饰画彩　水枧楼梯
门穿横闩　铒子蹦码　漏眼烟筒
天窗亮瓦　病痛药草　昆虫花木
簿据少用　何须多学

包举杂字

包举杂字

天地古今　阴阳始终　岁时日月
春夏秋冬　时有子丑　寅卯辰巳
午未申酉　戌亥皆是　合以甲乙
丙丁戊己　庚辛壬癸　数周合始
乾刚坤柔　合并旋转　风云雨露
闪电雷霆　霜晴雾暗　雪雹冷冰
暴寒冷冻　酷暑亢阳　热燥潮湿
温暖乘凉　朝起晚睡　昼兴夕眠
东西南北　江河山林　陡墈磡岸
巢窟坪冈　田园岭坳　沟池圳港
坝坉堤牐　塘涵溜筒　圣贤豪杰
出类超群　国重名臣　家亲宗族
高曾祖考　父母伯叔　同胞兄弟
配偶夫妻　婶姨姑嫂　姐妹甥舅
媳妇侄孙　岳丈男婿　姬妾婢女
雇工奴仆　表眷朋友　师徒传授

称谓别名　娭毑爹妈　唤崽叫儿
干爷奶娘　薰沐顿首　端肃裣衽
尊卑长幼　忤慢谨防　诵诗读书
抑末崇本　孝弟忠信　礼义廉耻
好善恶恶　积德累仁　辞受取与
恭敬朴诚　奋志典籍　抄誊揣摩
耿介慷慨　倜傥伶俐　稳妥斟酌
如绽袜底　消融渣滓　绝去拗强
人皆赘疣　咱独守法　未尝建醮
茹素吃斋　任他屈伸　厚薄轻重
常变得失　成败利钝　隆替聚散
富贵贫贱　不事趋避　自吉无凶
将见形体　耳目须发　脑颈脸嘴
颡额腮舌　喉嗓唇齿　肩肋腰胁
胸背肚脐　臀股腿膝　肝胆肺腑
脾肾肠血　魂魄精神　聪明康健
住居屋宇　雕梁画栋　桁条楼枕
穿枋斗榫　方圆圞扁　阔窄起伏
放开收拢　不差分寸　厅堂大厦
厢房偏厦　砖砌墙垛　瓦盖顶脊
四缝三间　门扂窗壁　走线框档
刨光细密　阑槛阶檐　磉墩枧梯
丹墀埇道　仓库壕基　略有破绽

修筑填塞　或将倒塌　纤索牮整
篱围曹门　更深闩撑　衣服酌量
貂皮狐嗛　灰色银鼠　狼獭羔裘
纱罗绸缎　绫葛绢绵　梭扣棉布
红黑扪青　纬帽蟒袍　补服外套
披风背褡　衲褂袄衫　领袖裙裤
絮袜靴鞋　绣袱扇巾　荷包烟袋
牙床被褥　枕席帐绦　绒褐毡毯
棕荐稿铺　首饰何常　宝贝金银
珊瑚玛瑙　璧玉水晶　蜜蜡琥珀
珍珠作笄　凤冠霞帔　戒指手钏
发蓝点翠　押鬓钗环　累丝如意
面气搜簪　正侧凤掉　边勒包头
再申器皿　神龛香炉　纸笔墨砚
几杖琴棋　刀枪盔甲　鞍韂后鞦
弓弩剑佩　钟磬琉璃　对联匾额
棚厂锦屏　桌椅板凳　拜匣箱 箦
漆柜捧盒　饭旋壶瓶　烛台灯罩
铜镜徽锁　钥匙锥錾　托盘折盂
辫架梳篦　磁盆锡盘　调羹杯筷
碗盏钟瓯　坛罐坛钵　浆滫杓桶
淘甑锅灶　蒸笼铲瓢　砧板捞箕
刷把扫帚　熨斗烙贴　茶箬酒篘

裹脚木屐　擂槌揶镊　铃铮铙钹
摆褖袈裟　柴炭夹钳　块煤钩爬
督耕田塍　种秧插禾　薅锄沤粪
耖挖车荫　犁耙茅镰　斧凿钻锯
蓑笠折簟　藤索麻绳　箩筐扁担
篾篓织篮　碓舂磨推　筛研簸糠
至若饮食　粳谷糯米　稻麦高粱
芝麻粟黍　馒头馍馍　馄饨饺饵
面粉粽馃　油馓卷子　松脆蜜饯
酥糖糕饼　畜类犬豖　狗彘鹅鸭
雄骒驴马　豮草猪豝　牛分牯牸
羊推羯羖　骆驼驮载　未卸不磨
鸡婆抱蛋　紧关茁壮　燕窝鱼翅
辽参绿螺　蛏干海带　虾蚌螃蟹
熊掌鹿筋　犀角象牙　虎豹猿猴
獐麂兔獾　攀罾漉鱼　鲥鲞极鲜
鳜同鲲鲟　鲤鲫鳙鲢　鲸鳅鳗鳝
鲟鳡鲚鳊　无鳞有壳　龟鳖鼋鼍
果则莲枣　建元葡萄　梨柑橘柚
荔枝核桃　杨梅李栗　甘蔗枇杷
杏仁花生　荸荠山楂　菱角芡实
橄榄木瓜　枸杞石榴　茱萸槟榔
蔬肴香蕈　笋蕨藕菌　萝卜菜蕻

葱蒜韭芹　甜菠芥苋　茄薤姜薯
豆角茼蒿　苦荬莴芋　胡椒花茴
酱豉腐乳　屠宰厨烹　割杀烫刨
刮削劈剉　撬骨打髓　摘断拗脱
砍斫剁丸　煮滚炖烂　肥精醋蘸
煨熬煎炒　庶免馊臊　盐卤腌腌
揉擦捣摊　挪融扯碎　糟蒸日晒
当风吹晾　渥熟盦鲊　烤干焙枯
烘炕烧焖　酸辣咸淡　五味匀和
浓酽窨酒　掀开揭起　非是嘴馋
款客延宾　兴酣行令　掷骰猜拳
人恐搅扰　咱怕怎么　更兼煮茗
武夷陈茶　松萝六峒　筵席堪夸
侥幸显达　贡监秀才　廪膳增附
乡场科举　发解中魁　会试进士
状元榜眼　探花翰林　京城内升
拜相封侯　六部吏礼　兵户刑工
尚书侍郎　各衙卿尹　御史郎中
员外主事　外省总督　巡抚学院
挂印将军　布政按察　驿盐粮道
知府州县　官无大细　敲梆坐堂
小厮伢子　站立伺候　号令告诉
禁止喧哗　跪禀蒙准　朱票拘讯

审断据理　曲输直赢　奸盗故杀
谋叛劫伤　枷夹监候　剐罪绞斩
凶殴闯棍　诱拐窃贼　访拿捉治
刑罚枷责　乘轿公出　锣镗铳銾
鼓乐喧闹　旗伞遮阳　差役摆道
呼喝执鞭　跟随拥护　跨马骑骡
鞍辔缰镫　簪缨形模　荣耀如焰
退隐岩阿　树蓄松柏　丹桂梧桐
绿竹䇔柳　槐栎楮榆　桑叶杉料
柿梓樟枫　花栽兰菊　芍药牡丹
海棠茉莉　黄葵绣球　芙蓉玫瑰
蔷薇紫荆　芭蕉菖蒲　瑞香金钱
瓶壶浇淋　浸灌滋润　雀养仙鹤
鸳鸯画眉　鸬鹚鸿雁　莺燕鹭鸶
鹰鹞鸠雉　鸦鸽鹌鹑　乡井寂寞
寄迹市镇　伙计生理　买卖找兑
栈房粜籴　稽查商量　当铺馆店
染榨槽坊　零沽趸贩　囤货转堆
记借赊那　赎还写帐　价值筹算
现的可让　等秤斤两　法码厘毫
石斗升合　丈尺短长　孩提衰老
点滴勿欺　街巷嘈杂　游玩江湖
解缆行船　全凭梢舵　帆竿桅篷

总靠顺风　沙滩泥坡　扯牵撑篙
渊泉深潭　摆桨摇橹　迎波逐浪
埠头下锚　卷帘览景　叩舷啸歌
文章词赋　按板停腔　弹弦谱曲
琵琶管箫　喇叭声响　笙笛悠扬
你我唱和　险阻顿忘　舍舟登岸
遍历桥梁　峰奇岳峻　豪杰埋藏
关津渡口　庐墓村庄　农履丘亩
室满茧蚕　宫殿寺观　庵庙辉煌
菩萨慈悲　佛教森严　左图麒麟
狮象蛟龙　右绘飞鸟　威仪凤凰
蹄爪翅尾　采色任赏　喜怒哀乐
爱憎悲欢　未尝谢绝　挂碍悉捐
但欲久享　阴骘为主　佃民租税
平斛过场　撞遇荒旱　踏看减纳
册载粮饷　胜欠私债　赶早全完
免签催迫　赈济孤寡　资助嫁奁
庆祝吊贺　触处办到　闻人疾病
瘈痛肿胀　感冒咳嗽　呕痰泄痢
脏腑滞涩　尿屎闭结　虚瘦疟痞
翻胃发哮　麻痘疮痒　霍乱癫狂
痈疽脓毒　粘丹不效　怀胎受孕
生育艰难　卜卦算命　谁肯承担

急施汤药　妙剂医治　伦类莫较
邻舍牌总　都耆乡约　保证媒中
道士和尚　独孤僧尼　裁缝披剃
机匠土工　渔翁窑户　挑脚牧童
伧人鄙野　一气符同　即有蠢拙
痴呆懵懂　聋哑瞎癞　跛佗疯瘫
疥癣疔痔　疤疖瘢痕　打鼾齆鼻
喷嚏希罕　眉皱肉扯　噀涎流洟
眼或瞟睋　眥看难瞧　冻饿饥渴
穿吃嚼咬　性情虽殊　大抵般样
扛帮挡扶　吝啬切嫌　若夫顽梗
藐视训诲　火灸针捣　醉梦弗醒
嫖赌逍遥　奢侈纵横　抛弃颗粒
荡废财产　身入刺塝　嗅臭罔惕
不思龌龊　揩抹搓洗　霉污朽滥
矾泒漂浸　物件损坏　补葺箍钉
专一懒惰　趁时耍戏　瑶函启札
胡说猫屁　坟茔祭奠　概不提起
侵蚀渗漏　汁水无几　树蔸丫杈
把柄龈尽　由是穷困　恃强抢夺
面如青靛　动辄赤膊　不覰好歹
汗颜撒泼　拈阄无分　冒认霸占
气力软弱　便学刁诈　陡然无赖

死活不顾　歪弯邪僻　奸巧狡猾
美举打汉　如爆倏散　丑路奉承
赔补那管　语句铁硬　瞒昧谎骗
捏话搬弄　捞足靡厌　诡术唆讼
拆离婚姻　捆缚矮懦　坑陷忠良
搒著寄搭　交投移换　纹课改低
七几八呈　十两一槗　抽封只九
射利给到　够了曷有　略剩些微
终仍掣肘　甚而流落　藏匿匪类
偷鸡捻鸭　跑快剪绺　禽兽无二
蛇蝎伴侣　蚊蚁虱蚤　灵敏远逊
及罹法网　胆颤惊吓　别急逃躲
绊住捕获　牢狱绑禁　如牛上桊
咒骂冤枉　洒泪哭泣　岂知造孽
报应在即　堪笑此辈　何用怜惜
倘能悔过　革除旧非　拨去瞌睡
跳出尘埃　男甘忍耐　女勤绩纺
财非应得　纤忽不沾　澡身浴德
恩膏普施　箭釳中垛　锈铁放芒
花蕊献瓣　瓜瓤尽尝　不假脂粉
口碑赞扬　福禄寿喜　历数绵长